ちくま新書

感情の正体

——発達心理学で気持ちをマネジメントする

渡辺弥生
Watanabe Yayoi

1402

感情の正体——発達心理学で気持ちをマネジメントする【目次】

イラスト　谷野まこと

はじめに

「自分が感情を持っているという感覚がもてない」と、ある女優がテレビで話していました。〝ぺふぺふ病〟という病にかかっているそうです。〝感情に起伏もなくて、これといった悩みもない。仕事はやってるけど、たぎっている感じでもない。やる気が感じられず、生きている感じがしない〟という状態だと言います。

他方で、感情が走りすぎて、泣きわめいたり、身近にあるものを投げたり蹴りつけたりする人もいます。スカッとしたようでも、しばらくすると一気に奈落の底に落ちたかのような気分になって自己嫌悪に陥るといった、ジェットコースターのような人もいます。

このような極端な行動に出ないまでも、私たちは日々いろいろな感情に翻弄されています。怒りでなかなか寝つけなかったり、自分を恥ずかしく思ったり、楽しかった日々を思い出してなぜか泣けてきたり。得体のしれない感情というものに左右されていると感じることが、たびたびあるのではないでしょうか。

どちらかといえば、私たちはポジティブな気持ちよりもネガティブな気持ちに注意が向きやすいところがあるようです。そういえば、私も授業の感想を学生からもらったときに、たとえば100名中95名から「ためになった！」といった好評を得たとしても、残りの5名から「わかりにくかった」とあれば、シュンとしてしまうことがあります。白いキャンバスに、点一つでも黒いインクが落ちると台無しになってしまうように、悪い方向へ考えることが仕組まれているようです。もしそれが正しいエビデンスだとしたら、一体なぜなんでしょう。

一方で、感情があるからこそ、喜びや幸せを感じることができ、生きている意味を探ることができます。では、幸せな気分に浸ったり、日々ある程度満足したりするためには、どのような生き方をすれば良いのでしょう。具体的に獲得できるスキルや知恵のようなものがあるのでしょうか。得体の知れない感情とどう向き合い、付き合っていけば良いのでしょう。そもそも感情とはなんなのでしょう。どこから湧いてくるのでしょうか。

＊　＊

この本の目標は、「感情」というキーワードをもとに、それに操られないための知恵やスキル、支援のあり方を探ることです。これは、感情を俯瞰(ふかん)したり客観視したりする「メタ認知」の力を伸ばすことにつながります。そのために心理学、とりわけ発達心理学という切り口から、有効な最新エビデンスを取り上げました。感情というものの特徴がわかれば、すなわち対応する相手の正体がわかれば、幸せになるつき合い方や問題解決の方法を得られるからです。

まず第一章では、感情について明らかになっている科学的な知識を紹介します。感情がどうして喚起されるのか、身体を通してどのように感じるのか、理論がわかれば、イメージできます。感情研究の成果から見える化することによって、とらえどころのないその実態に迫りました。

第二章では、人間の感情はどのように発達するのか、それぞれの発達段階で顕著な特徴を明らかにしました。考える力、いわゆる思考や認知は年齢とともに獲得されるイメージが強いのですが、感情に至ってはそうともいえません。おおらかな子どもも短気な高齢者もいて、年齢とともに発達するというよりはむしろ個人差が大きい気がします。いったい、実際はどうなのでしょう。感情についての実用本はたくさんありますが、感情が発達する際の特徴についてはほとんど言及されていません。そこで、発達心理学の研究にみられる興味深い知見を役立てていただけるよう紹介します。

感情と道徳の関連性について述べるのが第三章です。怒りや悲しみといった基本的な感情とは別に、感謝、嫉妬、慈悲、罪悪感といった道徳に関わる感情と呼ばれるものがあります。社会生活に適応していくためには、道徳的感情を育むことが必要です。この点について明らかになっていることを紹介します。

第四章では、子どもたちの様々な問題行動と感情が関連するかどうかについて論考します。子どもの問題の原因の一つに、感情をうまく表出できない、理解できない、マネジメントできないということがあるように思います。感情という切り口から子どもたちへの有効な支援が見えてくるでしょう。ここでは、非行、ひきこもり、いじめ、虐待、そして発達障害についてまとめました。

第五章では、それまでに述べた、感情とは何か、感情はどのように発達するのか、感情はどう扱われてきたか、問題行動の背景に感情はどう関連しているか、といった観点に基づいて、感情に翻弄されないためにどうすれば良いのか、具体的なアプローチを提示します。現在、様々な立場から、とてもユニークな考え方やトレーニング方法が実践されています。ここでは各理論や実践方法の強みと、具体的な実践例を紹介したいと思います。

最後に、第六章では、場所アイデンティティを取り上げ、感情に影響を及ぼす環境について考えました。居心地のよい空間、安らげる場所、そしてわくわく感を抱ける環境とはどのようなものなのか具体的に考えました。建築の仕方、居住デザインや工夫について提案しています。

さらに、危機予防の視点からどのようなシステムが良いかについて述べました。

この本で紹介できる研究や実践は、ほんの一部かもしれません。しかし感情について好奇心をもち、様々な心理学の知見を理解することは、感情に翻弄されず、前向きにマネジメントするために必要です。

私自身、日常生活では相変わらず、様々な感情体験を重ねています。ですが、こうした多くの知見によって、得体のしれない感情に振り回されている感じはなくなっています。むしろ、何かを感じるセンサーのありがたさを知り、感じられること自体の幸せ、感謝の心を持てるようになりました。まだまだ予想外の体験をしてもちろん凹むことはありますが、少しだけこれからの生き方を冷静に見つめられるようになっていると感じます。個人的には、感情の正体のなかに、子どもの頃の遊びや学びの中で味わったわくわく感を育み生涯維持する術（すべ）を探求したいと思っています。

この本を手に取った方が、「わくわく」という感情を思い出し、読み終わる頃に、何か行動を起こされることを期待します。

第一章

感情とは何か

†誰でも他人の感情に興味津々

毎日、いろいろなことが起きています。テレビのニュースでは、何やら事件を起こした加害者、騒動に巻き込まれた関係者の姿がよく映っています。各テレビ局の記者が周囲を取り囲んで、一斉にマイクを向けています。たいてい、「どんなお気持ちですか?」という質問を雨あられのように浴びせかけています。悲しい事件であれば「悲しいです」、結婚や授賞式の取材であれば、「嬉しいです」という期待通りのコメントをもらうためなのでしょうか。予定調和のイベントのようです。

視聴者からすれば、聞かなくても当たり前と思われる場合が少なくないのですが、体験したものから明確に気持ちを聞きたいという世俗的な好奇心が湧くのは不思議です。私たちは、当事者から期待通りの回答を聞いて、「そうだろう、そうだろう」と満足したいということかもしれません。

もちろん現実には期待通りのコメントではないこともあります。それはそれでスクープにつながる場合もあります。「悲しくありません」「反省していません」「嬉しくありません」となると、「えっ、どうしてですか?」と、さらなる展開を求めて質問がヒートアップします。予測を裏切るような回答であるほど、私たちの野次馬的な、聞きたがりの気持ちが頭をもたげることになるのでしょう。

つまり、私たちは、他人の感情に関心が強いのです。友達や家族とのコミュニケーションにおいても、「ねえねえ、どんな気持ちだった?」と、しつこく尋ねることがよくあるものです。答えがわかり切っていても、相手の口から聞きたい、確認したいと思うのです。私たちはどうして、こんなにも他人の感情を知りたくなるのでしょう。

他方で、いざ聞かれる立場に立つと、困惑することが少なくありません。そんなに単純な気持ちが、心の中に、カランと一つ置かれているわけではないからです。「えーっと、そうねー、そうだなー」と考えるうちに、まとまらなくなり、他人様に素直に語れるものではないと判断して口をつぐんだりしてしまうこともあります。しばらく自分の心の中をモニターして、言わない方が良いと判断する場合もあれば、気持ちをようやく取り出して一言二言ボソボソと語ることもありますし、時間をかけて考えただけ堰を切ったように言葉がほとばしることもあります。

ある程度の年齢になれば、自分の内面の気持ちをそのまま相手にそっくり表現して良いものか戸惑うようになります。「悲しい、助けてほしい」という自分の気持ちに気づきながらも、

「大丈夫だから、一人にしておいて」なんて答えたりするわけです。人からもらったプレゼントが期待するものではなくても、「これは私の趣味ではありません」と答えるのを慎み、「素敵ね、ありがとう」と受け取るようになります。

どうしてそんな嘘をつくのでしょうか。そもそも、これは嘘と言えるのでしょうか。プレゼントされたものについては欲しいものではなくがっかりした気持ちはあっても、自分のために時間を割いてプレゼントしてくれた好意には感謝しているわけですから、明確な嘘とは別とも考えられるでしょう。

英語ではホワイト・ライ（white lie）と呼ばれています。相手を傷つけないために、ありのままの気持ちをそのまま表現することはよくないのではないかと考えるからです。しかし、それでも今後のことを思うと、相手に散財をさせないよう、きちんと正直に気持ちを伝えた方が良いと考える人もいるでしょう。

私たちは互いに相手がどんな気持ちでいるのか好奇心に満ちているのですが、本意を伝えるかどうか迷ったり、自分の気持ちがわからなかったりして、必ずしもありのままの気持ちを出さない、とても複雑な心理状況を日々乗り切っているのです。ときに、私たちはこの感情に翻弄され、ミスコミュニケーションから対人関係をもっと複雑にすることもちょこちょこあります。

日々の暮らしを客観的に考えてみると、おそらく誰もが心のどこかで幸せの青い鳥を探しているると思います。穏やかに、楽しく、幸せだな、と感じる人生を送りたいと願っています。それは、どこか遠くの方にあるような気もすれば、意外と身近にあるような気もして、いつも試行錯誤しています。

幸せを探しても、探しても幸せに感じない原因として、もし自分の中に「幸せだ」と感じられるセンサーがなかったとしたら、それは悲劇です。幸せの青い鳥を探しに行く前に、まずは幸せな気持ちをアクセプトするセンサーと、それを探し出すスキルを身につける必要があるのかもしれません。いずれにせよまず必要なのは、感情の正体について知ることです。

†怖いから逃げるのか、逃げるから怖いのか

私たちは、一般に、「怖いから逃げる」「悲しいから泣く」と考えがちです。ところが、実はその反対で、「逃げるから怖い、泣くから悲しいんですよ」という説明を受けたら、どうでしょう。

ふつうは、まず「怖いな」「悲しいな」と感じてから、逃げようとか泣き出すという順序に

思えます。ところが後者の考えは、必ずしもそうではないようで、まず何かを察知して先に逃げるとか泣くという行動がとられてから、そのあとに「ああ怖かった」「ああ悲しい」と感じるのが本当だという主張があるのです。つまり、意識よりも自身の末梢神経での反応がまずあって、次に「怖い」「悲しい」という認識を持つと考えられるのです。

訝（いぶか）しく思う方もおられると思いますが、たとえば、泣き真似をしていたら本当に悲しくなったり、音楽を聴いていてなぜか鳥肌が立ち、その後に素晴らしい歌だと感じたりしたことはないでしょうか。トラックがせまってきて、反射的にかわした後に、「うわっ、怖かった」という体験をしたことはないでしょうか。「あ、だんだんトラックが迫ってきます、怖いです、怖いです、さあ、後ろに逃げましょう」という順序ではないですよね。すなわち、身体感覚がまず敏感に異変を感じ取り、その感情を後で認識すると考えるほうが正しいという理論です。

感情体験に生理的な変化が重要であると唱えたのは、アメリカの生理学者ウィリアム・ジェームズでした。彼は、心理学者でもあり哲学者でもありました。1884年に『What is an emotion?（感情とは何か？）』を出版しています。

エモーション（emotion）という語は、一九世紀後半の日本語では「情緒」と訳されていましたが、感情・情緒について同書に書かれたジェームズの解釈によれば、興奮的な事象の知覚に直接引き続いて身体的変化が生じる。そうした身体的変化の感じがエモーション（情緒）に他ならない、と書かれています。路上でお金を脅し取られそうになった場合、私たちはまず逃げ、そのあとに怖い、と感じるというのです。そして、身体的変化の知覚こそが、情動の主体的経験であるとジェームズは考えました。デンマークの生理学者であるカール・ランゲも同時期（1885）に同様の見解を示しています。これは後に「ジェームズ＝ランゲ説（末梢説）」として紹介されるようになりました。

心理学概論の授業では、学生たちにこんな実験がされることがあります。骨をくわえさせた犬のように鉛筆を横一文字に口にくわえるグループと、ストローのように鉛筆を縦に口にくわえるグループに分けて、漫画を読ませるという実験です。

ストローのように縦にくわえると、ふくれたときの顔面の筋肉を使うことになるわけですが、犬が骨をくわえた形では、笑顔に必要な筋肉の動かし方になります。すると、鉛筆を縦にくわえたふくれ面グループよりも、横にくわえた笑顔グループの方が、漫画を楽しく読むという傾向があります。つまり、意識より先に、筋肉の動きが感情に影響を及ぼしていることを実感できるわけです。

ジェームズは、エモーションを「粗い、大まかな（coarser）」なものと、「繊細、希薄

(subtler)」なものに分けて考えました(宇津木、2007/Coleman & Snarey, 2011)。前者は、一般に私たちが現在考えているような怒り、恐怖、嫌悪、喜び、悲しみ、恥、誇り、などの基本的な感情のことです。後者は、道徳的、知的、そして美的な感情です。大まかな粗い感情は強い身体的反応を伴いますが、繊細な感情は身体反応を伴わないものと考えられています。つまり、必ずしも意識できる強い身体的変化が起こるわけではないのです。

†脳の働きに着目

しかし、その後40年ほど経って、脳についての仕組みが格段に正確にわかるようになり、感情には脳の中枢が大切な役割を果たしていることが判明しました。

ハーバード大学のウォルター・キャノンと大学院生であったフィリップ・バードは、感情の主観的な体験には、必ずしも末梢からの情報は必要ではなく、中枢内の反応として説明できるとし、「中枢起源説(キャノン=バード説)」と呼ばれる理論を唱えました。

たとえば、脊髄を損傷した患者さんは、末梢の情報が入ってこない状態でも、すなわち身体的変化が生じない状況でも、感情が生じることが実証されると、ジェームズの「末梢説」理論は批判の的になりました。感情は、脳において情報を解釈したり評価したりすることから生じ

図1　怖いから逃げるのか、逃げるから怖いのか？

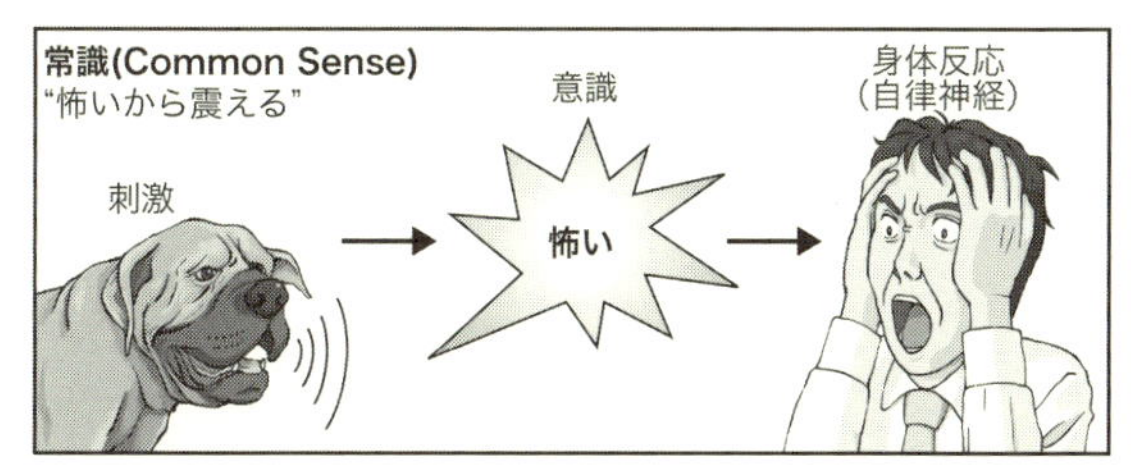

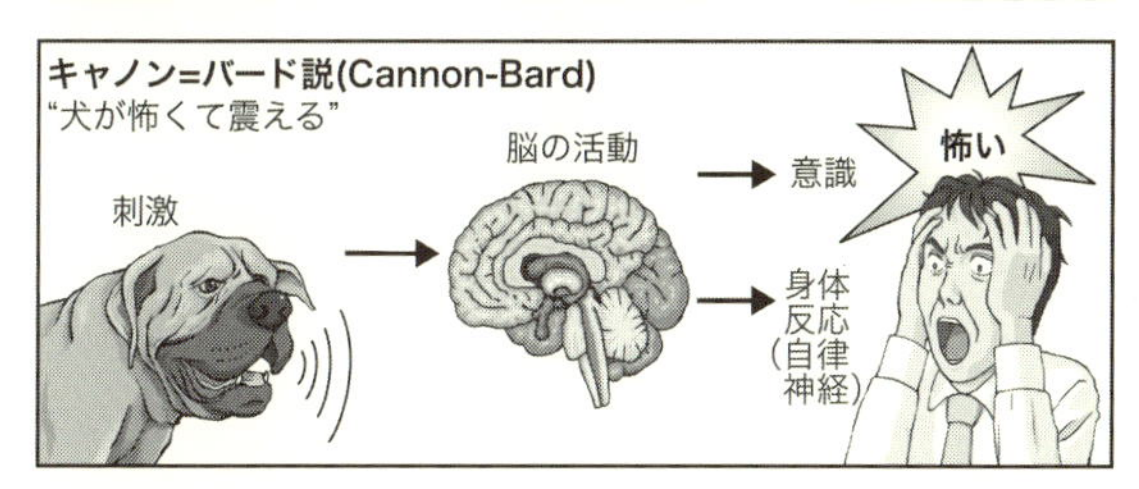

(https://twitter.com/AP_Psychology を参考に作図)

ると考えられるからです。ただし、ジェームズの理論は、必ずしも意識レベルには達しない不随意な生理的変化があると仮定していたので、今考えるとキャノンらの「身体的変化はない」という主張に対して必ずしも対立していたとは言えません。

大事なことはキャノン＝バード説が、脳の神経生理学が感情に対して重要な働きをしている、ということに着目した先駆け的研究であったということです。

†つり橋で恋は芽生えるか――認知に着目

先の研究を踏まえながらも、1960年代に入ると、周囲の環境が人々の感情に大きな影響を与えるという考え方が主張されました。

社会心理学者のスタンレー・シャクターとジェローム・シンガーは、情動には身体反応（生理的な覚醒）とその原因の認知（評価）との両方が不可欠だという「情動の二要因説」を提唱しました（1962）。つまり、身体反応の知覚そのものが情動なのではなくて、それを感情の質としてどう認知、解釈するかによって、その感情のラベルが異なってくるという考えです。たとえば、同じ心臓のドキドキであっても、好きな人と初めて出会う状況では喜びととらえられますし、授業で当てられたときや舞台に上がるときは緊張や不安ととらえられます。意識された感情に注目するわけです。情動の二要因説は、物事の因果関係で説明しようとするので、「帰属理論」とも呼ばれます。

70年代には、この帰属理論は、必ずしも正しくないのではないかと、カナダの心理学者のドナルド・ダットンとアーサー・アロンが指摘します（1974）。彼らは、深い谷にかけられた揺れの強いつり橋と、揺れの少ない安定した橋の2つの状況を設定しました。そしてインタビュアの女性には具体的な指示として、橋の向こうから渡ってくる男性に、後日調査の説明をするので連絡をしてくださいと名前と電話番号を渡してもらいます。その結果、インタビュアの女性に連絡をしてきた男性の割合は、大きく揺れる橋を渡ったほうが断然多かったのです。いわゆる「つり橋効果」です。不安定なつり橋にいた男性の心臓はかなりドキドキしていたと思われますが、その強い鼓動を、出会った女性の魅力と誤ったため連絡することが多かったのではないかと考察できるわけです。

今日では、ドキドキした理由をいろいろな可能性に当てはめる、つまり私たちは、身体反応を複数の原因に帰属させることがある、という認知の働きを重視した点に関しては支持されています。けれども、ドキドキしたのは好きだからに違いないという思い込み、つまり感情の種類が身体反応の解釈のみで規定されるという考え方は否定的にとらえられています（寺澤・梅田、２０１４）。

神経生理学的な理論

20世紀になると、「ソマティック・マーカー説」という仮説も登場しています（図2）。脳神経学者のアントニオ・ダマーシオによれば、身体反応はやはり感情において重きをなすものの、その大部分は意識なしに自動的に生じていて、実際、私たちが意識してモニターできるのはほんの一部なのではないか、という考えです（１９９９）。ソマティック・マーカー説は「身体信号説」とも言われます。

脳は、内臓や自律神経系、身体上の緊張や姿勢などを常に監視しており、何か異変が起きていないかチェックしています。末梢からの生理的変化の情報を脳が受け取って、主観として認識するわけです。これはジェームズ゠ランゲの末梢説と、あながち異なる理論ではなく、類似したところがあります。生理的変化からのサブリミナルな情報を脳は先にキャッチしており、その後に、人間の意思によるモニタリングがなされ、感情が決定されていると考えるからです。すなわち、泣くから悲しいとも言えるし、悲しいから泣くとも言えるという、両方のとらえ方ができるというのは、現代では妥当なようです。

図２　ソマティック・マーカー説

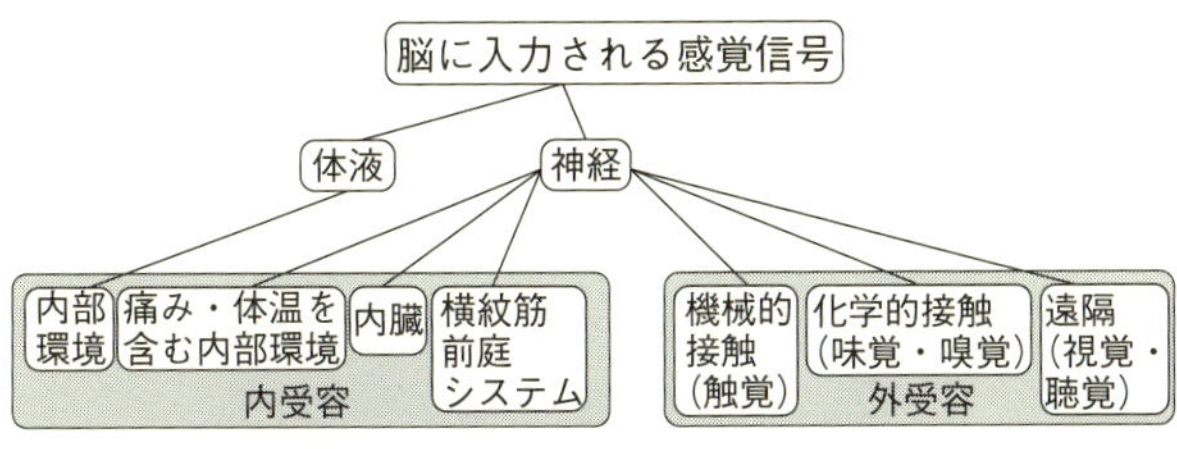

信号の伝達経路（血液などの体液、神経）と信号のソース（内受容・外受容）による分類（Damasio, 2003 を参考に作成）

ダマーシオは、外受容感覚として、視覚、聴覚、嗅覚、味覚、触覚を挙げ、内受容感覚は身体内部環境に関する感覚であると考えています（２００３）。そして、具体的な情報源として痛みや体温を含む身体内環境、内臓、横紋筋という筋肉、外部環境に関連して身体の位置や動きについての信号を提供している前庭システム、さらに体液の状態などについても考察しています。

感情の脳内ネットワーク

悲しいから泣くというように、「認知システムが先にあって、その後に情動がわき上がる」ととらえられがちな背景には、知識が身体の知覚を変化させる、という方向も実際にあるからかもしれません（中村、２０１５）。

たとえば、覚醒剤を処方されたボランティアを２つのグループに分け、一方は、その覚醒剤が、知覚を変化させるという機

図3　大脳皮質下の情動システム

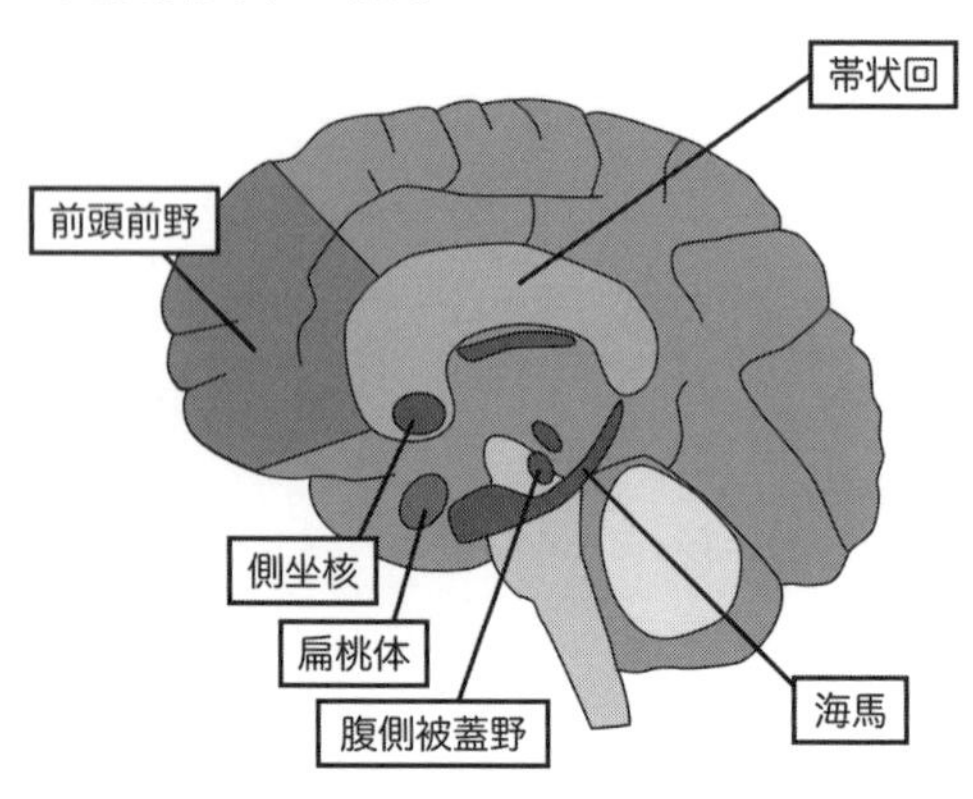

能を持っていることが告げられ、もう片方には、知らせないでいると、知らせた方には知覚の変化をリラックスして楽しめたのに対して、知らされていないグループは、身体の変化に不安が強まったという報告があります。この違いは、単純に薬物の情報を持っていたかどうかなので、その知識が身体的変化に影響を与えたことが明らかです。このような研究の積み重ねによって現在は、大脳皮質の認知システムと大脳皮質下の情動システムが相互に同時に影響を及ぼしあっていると考えられています。特に思春期の脳は次のように説明されています。

大脳皮質下の情動システムには、中枢神経系を構成する重要な部位が集まる脳幹があります。この一部である中脳には、腹側被蓋野（ふくそくひがいや）と呼ばれるところがありますが、側坐核（そくざかく）、扁桃体、前頭前野といった各所にドーパミンを送るという連携システムが存在します。大脳皮質には脳の外側の奥にある島皮質、左右脳をつなぐ脳梁（のうりょう）近辺の帯状回、大脳の奥深くにある大脳辺縁系の海馬などがあります。これらが相互に影響し合いながら重要な機能を果たし、認知と情動のシステムを担っています（図3）。

こうした脳内ネットワークは、成長とともに発達・分化することが知られています。大人になるほど脳の中の離れた部位間の長距離のネットワークができてきます。前頭野から頭頂のネットワークができあがると、注意のスムーズな切り替えや、課題遂行などがうまくできるようになると考えられていますが、現代では、こうした脳内ネットワークの変化による感情への影響が研究されているわけです。

科学の進歩によって、目には見えない感情についてもいろいろなことがわかるようになりました。しかし、興味深いことに、私たちの考え方などがいまだに科学の進歩に追いついていないという状況が往々にしてあります。素朴な問いは昔から変わらないような気さえします。いまだに、「日々の暮らしの中で自分の感情が抑えられない」「嫌な気持ちをなんとか忘れたい」といった悩みを抱えている人は少なくないのですから。

†基本的な情動は存在するのか

怒りとか悲しみとか、基本的な感情の種類についてもいろいろな考え方があります。進化論で有名なチャールズ・ダーウィンは表情に注目しました。動物と人間の表情に類似性があることを示し、人類の表情の進化に関する普遍性を提唱したのです。たとえば、怒りは、犬でも猿でも人間でも、口を開けて声を発するといった事実を指摘しています（1872）。

ダーウィンの説を、社会心理学者のシルバン・トムキンズが関心を持ち調べたところ、表情の筋肉と感情との間に関連性があることを発見しました（1962）。表情を表出したときに生じる末梢神経の反応が、感情の主観的体験の源であるというのです。表情と感情の研究は、キャノンやバードの中枢起源説の流れをくんでいます。

トムキンズの弟子のポール・エクマンとキャロル・イザードはその後も研究を続け、異なる文化環境にいても、互いの表情から感情を理解しあえることを明らかにしました（Ekman, 1998/Izard, 2009）。人間の基本的な感情「幸福、驚き、悲しみ、恐れ、嫌悪、怒り」の6つの感情は、人種や文化を超えて共通性が認められると考えたのです。さらに2000年以降、エクマンの弟子であるデイビッド・マツモトらは、視覚障害者の表情を観察し、目の不自由な人々も、健常者と同様の表情で感情を表すことを報告しています（２００９）。

エクマンらは、表情を表出した写真を様々な国の人たちに見せる方法によって、情動を表す表情は通文化的にその理解の共通性があることを示しました。さらに、エクマンは、顔の表情形態と自律神経系および中枢神経系の反応様式との間で一定の関係があるという実験結果を報告しています。そして、感情は基本的な生存課題を処理するために進化してきたものであり、それぞれの感情の顔の表情と生理学的反応様式の関係は遺伝子に組み込まれ、それから、適応上の課題解決に対して即効性がある反応を実現しているのではないかと考えられています（大平、２０１０）。

エクマンは、もともと１９５０年代後半に手の動きやしぐさの研究を始めた研究者ですが、１９６５年になって関心を寄せたのが表情と感情の関連性についてでした。パプアニューギニアへの旅をきっかけに、表情が文化にかかわらず普遍的であることを見出しました。

さらに彼は、表情を欺くという行動の研究も行っています。自分の感情に嘘をつく、つまり自分の気持ちとは異なる表情をする人たちを対象にした臨床的な研究です。たとえば、強い悲しみや苦しみを周囲になぜかひた隠しにし、結果的に不幸にして自殺してしまう人が少なからずいます。残された人たちは、もっと相談して欲しかった、自殺するようにはとても見えなか

図４　ポール・エクマンらが開発した微表情のトレーニング・ツールの画面

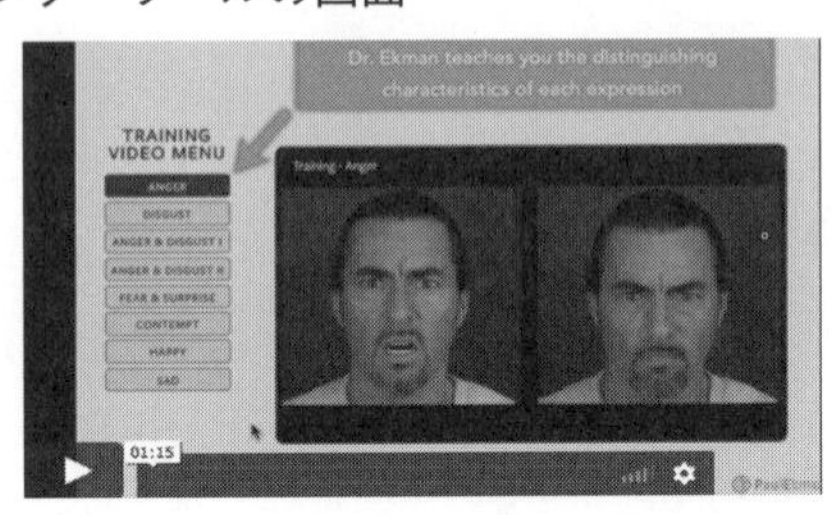

（https://www.paulekman.com/micro-expressions-training-tools/ より）

ったということがよくあります。

表情で感情を読み解く

　エクマンは、感情や対人関係を理解するための道具も開発しています。ウォレス・フリーセンらとの共同研究で、自分の感情を隠す人たちのスローモーション映像を観察することで微表情（Micro Facial Expressions）という変化が見られ、隠そうとしている強いネガティブ感情も明らかにすることができると主張しました（１９７５）。

　彼は、表情を客観的に測定する道具や、隠れている感情を見つけるためのツール、家庭や職場など現実の生活で、どのように反応すれば良いかを教えるトレーニング教材などを開発しています（図４）。彼のＦＡＣＳ（The Facial Coding System）という表情分析法は、ＡＵ（アクションユニット）という動作単位を設定し、たとえばＡＵ１（眉の内側をあげる）、ＡＵ２（眉の外側をあげる）、ＡＵ５（上まぶたをあげる）、ＡＵ26（顎を落とす）などから「驚き」の感情を表情の特徴から読み取ります。現在のエクマンは、基本的な感情として、怒り、恐れ、悲しみ、嫌悪、驚き、軽蔑、喜び（幸福）の7種類をあげています（図5）。

他にも、ＭＥＴＴ（Micro Expressions Training Tool）は、隠れている感情の見分け方を学ぶツールであり、ＳＥＴＴ（Subtle Expressions Training Tool）は、最初に生起する感情を見つける方法をトレーニングするツールです。

こうした研究から「Lie to me」というアメリカのミステリーTVドラマが制作され、日本でも「ライ・トゥ・ミー　嘘は真実を語る」というタイトルで放送されました。また、エクマンは、他人の表情を見分けることに焦点を当てていましたが、最近では、他人の感情にどのように反応するかにも関心を寄せ、日々の家庭生活や職場でどのように感情を表現することが望ましいかについても調べています。こうした背景があってか、チベット仏教のダライ・ラマと親交があり対談を出版するなど、活動の幅が広い研究者です。エクマンとダライ・ラマの対談の中で、ダライ・ラマは穏やかな心の修得について熱く語っています。

エクマンは、子どもの基本的な感情について詳しくは明らかにしていませんが、平均年齢13歳の12人を対象にした表情分析の実験で、モニターに映る人物の顔を再現させたところ、悲し

図5　基本的な7つの感情表現のAU

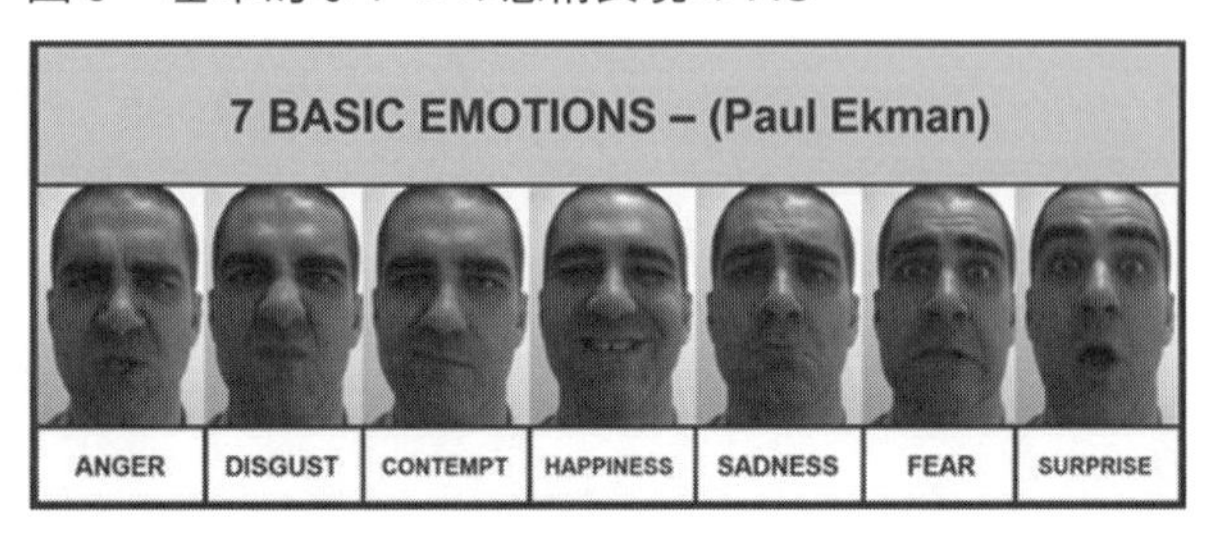

7 basic emotions – Paul-Ekman

ANGER（怒り）	AU4（眉を内側に下げる）+AU5（上まぶたをあげる）+AU7（まぶたをピンとはる）+AU23（唇をピンと張る）
DISGUST（嫌悪）	AU9（鼻に皺を寄せる）+AU15（口角をさげる）+AU16（下唇をさげる）
CONTEMPT（軽蔑）	顔の片側だけAU12（口角を上げる）+AU15
HAPPINESS（喜び）	AU6（頬をあげて、まぶたを縮める）+AU12
SADNESS（悲しみ）	AU1（眉の内側をあげる）+AU4+AU15
FEAR（恐れ）	AU1+AU2（眉の外側をあげる）+AU4+AU5（まぶたの上側をあげる）+AU7+AU20（唇を伸ばす）+AU26（顎を落とす）
SURPRISE（驚き）	AU1+AU2+AU5+AU26

（https://learn-to-read-emotions.com/read-facial-expressions/ および https://imotions.com/blog/facial-action-coding-system/ より）

みの表現が難しいようだと指摘しました（Ekman, Roper & Hager, 1980）。日本人研究者にも、11歳から13歳を対象に、無表情、喜び、驚き、悲しみ、怒りの表情画像についてアクションユニットをもとに表現能力を調べた実験がありますが、やはり悲しみの表現が難しいことがわかっています（小松・箱田、２０１２）。子どもは、悲しみの表情を怒りの表情ととらえてしまうようなのです。

デラウェア大学のキャロル・イザードも、表情のコーディングシステムを開発しています（図6）。興味・関心、愉快・喜び、驚き・驚愕、悲しみ・失望、怒り、嫌悪、不快・苦痛などの基本情動を検討しています。それによると基本情動の表出は、月齢7〜8か月までに完成するけれど、罪悪感、羞恥心、軽蔑の3種類の感情は8か月以後に獲得すると報告しています。

基本的感情を表出する表情は、文化や社会を超えて、普遍的、生得的なものです。ただし、子どもを対象にした研究はまだ少なく、実際どのくらいの年齢で基本的感情の理解や表出が可能になるのか、わかっていないことがたくさんあります。乳幼児の感情の研究成果は、第二章の発達の説明中において詳しく紹介します。

図6　イザードの基本感情

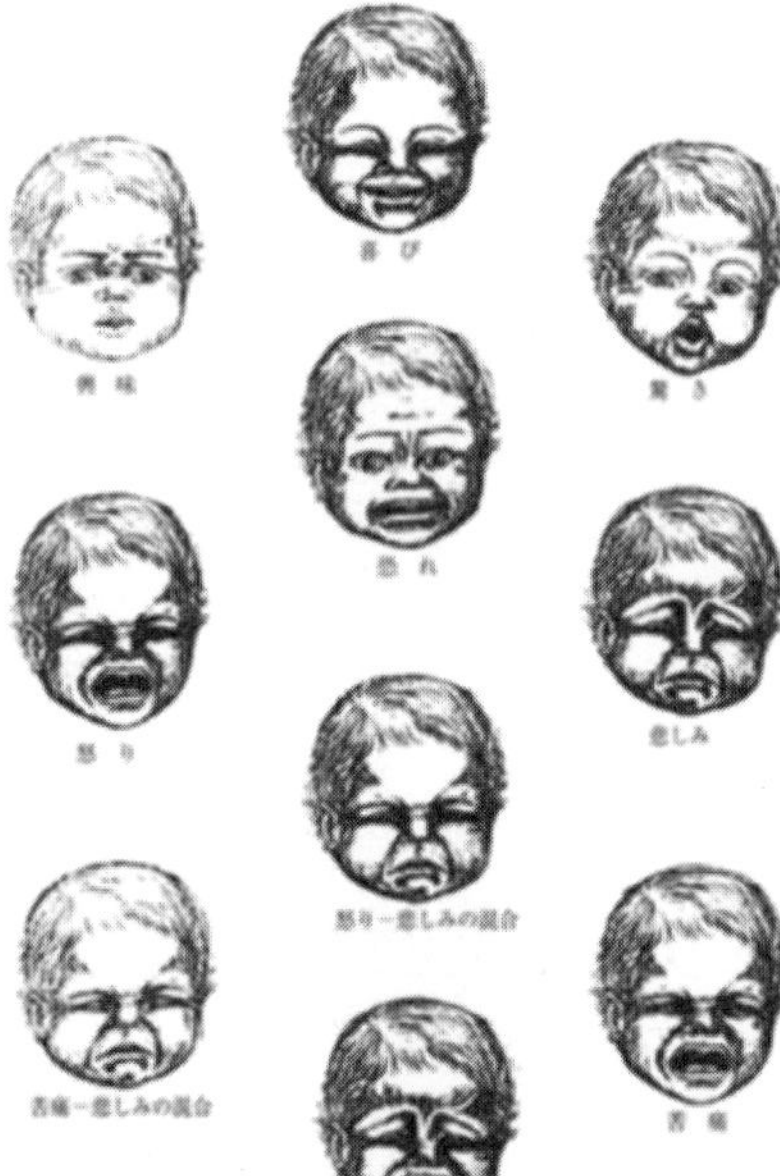

（川島, 2001より）

感情の次元説

エクマンらの基本感情についてなるほどと納得させられることが多いのですが、感情については本当にいろいろな立場があります。エクマンらの説明に意義を唱えたのが「次元説」です。

ボストン大学のジェームズ・ラッセルは、エクマンらと同じ方法で感情のカテゴリーを分けてみたところ、結局は、快か不快かという次元と、覚醒か睡眠かという次元の2つから考えられるのではないかと指摘し、円環状の分布図で説明しました。

顔の写真を見てどんな感情を抱いているかを、あらかじめ与えられている基本感情のどれかで選ばせる方法ではエクマンらの説に説得力があるのですが、方法を変えて、自由記述させてみると、一致度が低くなってしまうことから独自の考えを見出したわけです（Russell, 1994）。

感情の次元説では、普遍的な要素は、図7のように快か不快か、覚醒しているか睡眠かの次元に集約されると考えます。4歳と5歳を対象にした研究（Russell & Paris, 1994）では、子どもの嫉妬、心配、恥ずかしさ、穏やかさ、誇り、感謝について調べ、大人とかなり近い判断をしていることを明らかにしています。さらに、ラッセルはボストン大学のシェリ・ワイデンと、3歳から11歳の子どもを対象に、表情図を20人の大人と比較したところ、3歳でも大人と同じように、この2つの次元で判断していることを報告しています（2001）。

†感情の階層性

感情は、心理学からだけではなく脳科学や生理学の知見からも考える必要があるでしょう。

図７　ジェームズ・ラッセルの次元説による感情の分類

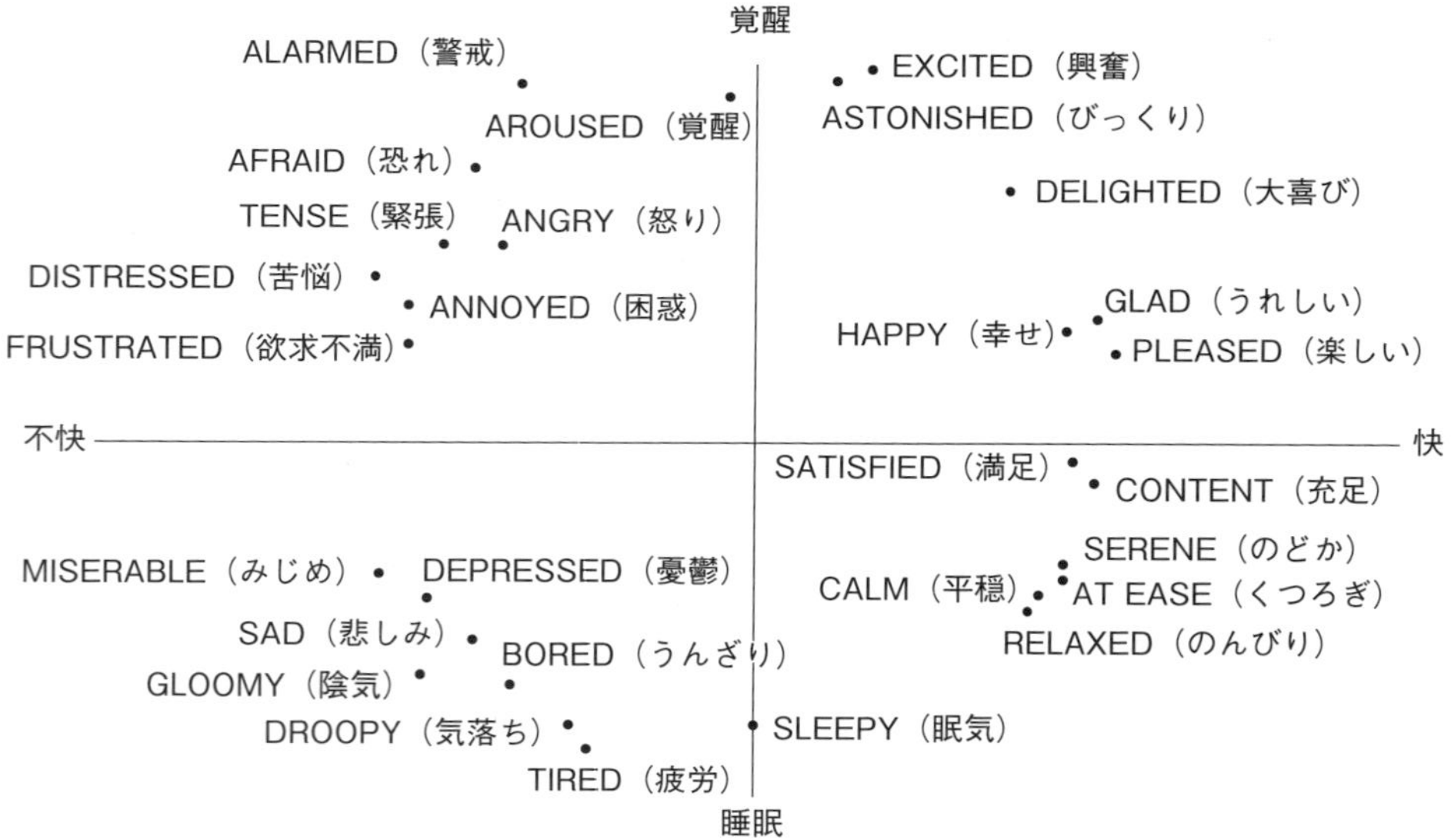

覚醒

ALARMED（警戒）
AROUSED（覚醒）
EXCITED（興奮）
ASTONISHED（びっくり）
AFRAID（恐れ）
DELIGHTED（大喜び）
TENSE（緊張）
ANGRY（怒り）
DISTRESSED（苦悩）
ANNOYED（困惑）
GLAD（うれしい）
FRUSTRATED（欲求不満）
HAPPY（幸せ）
PLEASED（楽しい）

不快　　快

SATISFIED（満足）
CONTENT（充足）
SERENE（のどか）
MISERABLE（みじめ）
DEPRESSED（憂鬱）
CALM（平穏）
AT EASE（くつろぎ）
RELAXED（のんびり）
SAD（悲しみ）
BORED（うんざり）
GLOOMY（陰気）
DROOPY（気落ち）
SLEEPY（眠気）
TIRED（疲労）

睡眠

基本感情の存在だけではなく、実は脳の階層に応じた感情の階層もあるのではないかと考えている研究者もいます（福田、２０１２）。脳は、原始脳、情動脳、社会脳、知性脳の４つの層に分けられるのではないかという考えで、これを感情という点でみれば図８のようになります。

原始脳は、脳幹と視床下部にあたり、進化の中で最も古い原始的な働きをしている領域です。

図８　人間における「脳の階層」

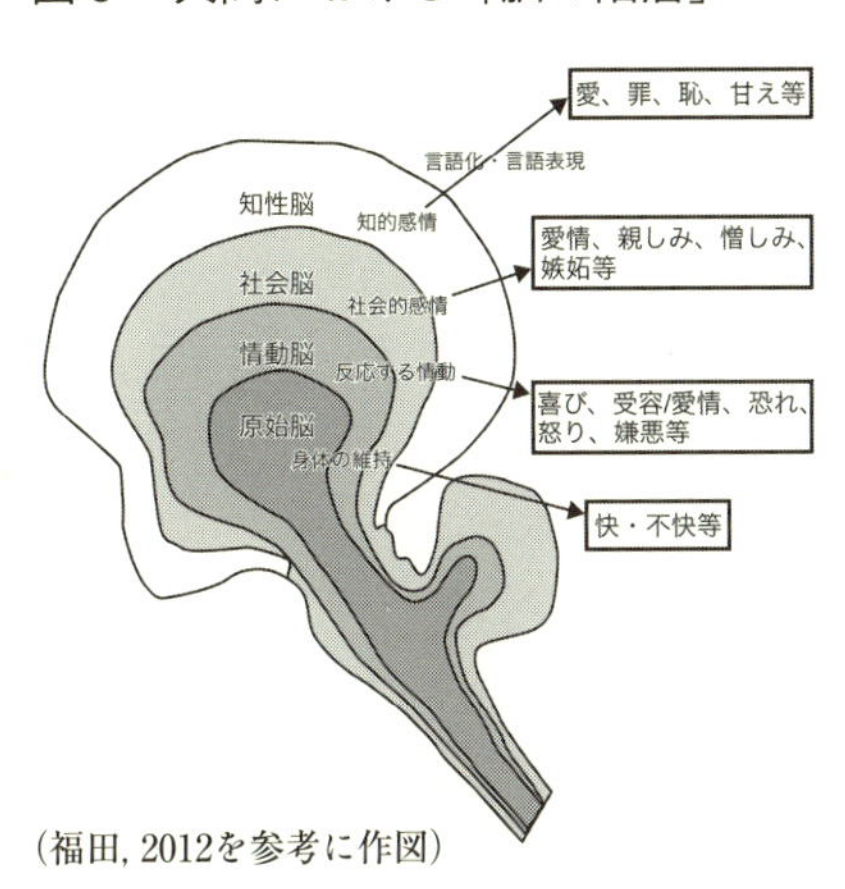

（福田, 2012を参考に作図）

脳幹には呼吸や循環、消化といった生きるために必要なシステムがあります。視床下部は、心臓や消化器官、呼吸器系統など内臓の環境を適切に維持する自律神経中枢や、飲んだり食べたりといった生きるために必要な行動を発現するシステムを備えています。この原始脳と関係するのは、快・不快の情動と考えられます。これは生命が行動する上で、かつてもっとも重要な「感じる情動」だったでしょう。

動物が進化し、食べるものと食べられるものという弱肉強食関係が成立してくると、周囲に

図9　人間における「感情の階層」

4階層（Four sub-systems）

感情 affect
- 情動 emotions
  - 原始情動（primitive emotions）　感じる情動
    - 快・不快
  - 基本情動（core emotions）　反応する情動
    - 喜び、受容／愛情
    - 恐れ、怒り、嫌悪
  - （原始情動・基本情動）→ 無意識的 自動的
- （高等）感情 feelings
  - 社会的感情（social feelings）　育む感情
    - 愛情、親しみ、依存、笑い（笑み）
    - 憎しみ、憎悪、嫉妬、内気など
  - 知的感情（intellectual feelings）　学ぶ感情
    - 愛、罪、恥、甘えなど
  - （社会的感情・知的感情）→ 意識的 認知的

（福田, 2012）

対する防御の構えにも変化が生じ、それまで以上に高度な運動能力や感覚機能が必要になってきます。そこで快・不快という原始的な情動だけではなく、喜び、受容／愛情、恐れ、怒り、嫌悪といった5つの基本的な「反応する情動」が分化してきたと考えられます（図9）。

恐れは、敵などの危機への防御に関係します。嫌悪は害を及ぼす食べ物や病原菌などから身体を守るために獲得されたと考えられます。食べ物を得るために戦う必要から、怒りは生存に不可欠です。喜びや受容／愛情は、人が生きていく原動力となりますし、他人と結びつくために必要な感情です。

とはいえ、こうした情動だけでは、人間という哺乳類がなぜ生き残ることができたのか知ることは難しいようです。霊長類として生存していくために必要不可欠であったのが、他人と協力して群れるという集団能力です。

他のいろいろな動物や、自然からの脅威に負けないために、他人と協力することは是非とも必要だったでしょう。

そこで人類は、社会脳を獲得しました。顔を記憶したり識別したりする能力は、社会脳を構成する大脳の辺縁系や新皮質にあります。皮質下の扁桃体には、人間の表情に応答するニューロンが存在することも明らかになっています。脳の変化に応じて、感情も分化しました。まわりとうまくやっていくためには愛情や嫉妬など複雑な社会的感情を育む必要があります。これによって、問題解決能力、対人関係の認知、長期記憶、マインドリーディングなどの社会的知性とともに、利己的行動や向社会的行動（prosocial behavior）といった両方の行動をとることが可能になりました。駆け引き、裏切り、巧妙なたくらみ、打算などが利己的行動で、怪我人や困っている人を助けることなどが向社会的行動です。

人類は進化の過程において、物事を抽象化したり一般化したりする能力を獲得してきました。また身近な人との結びつきだけではなく、不特定多数の平和や福祉についても考えられるようになります。これには共感や道徳的な感情が関係しており、この感情を司る階層が知性脳です。知性能で発生する知的感情は、未来への不安や喜びといった、過去や現在からの相対的な関係の中で生じる感情をも抱けます。やりがいを感じたり、想像する喜びを知ったり、未知なるものを探求したいという好奇心といった知的な感情は、大脳皮質の中の、前頭前野の働きだと考えられています。創造性と関係しているのは側頭葉だということも明らかになってきました（福田、２０１２）。

†言葉と感情

感情の認識には、しぐさや表情のほかに「言葉」も大きくかかわります。心の内側からわき上がってくる気持ちを意識するためにも言葉への置き換えが必要です。

もし私たちが、嬉しい、悲しいといった気持ちを表す言葉やその概念を持たなかったとしたら、どのような暮らしになるでしょう。単純な感情ならば、しぐさや表情によって、他人に気持ちを伝えることもできるかもしれません。しかし、複雑なコミュニケーションは、そもそも成り立たないでしょう。現代のようにマルチタスクをこなす生活のなかで、他人に気持ちを伝え理解してもらったり、自分で受け止め嚙みしめたりするには、気持ちを表す言葉の獲得が、とても大切です。

たとえば、言いようのない気持ちのときは誰にでもありますが、「なんだか気持ちがなかなかのらないのよ。こうなんというか、やりようがないというか、出口がないというか……」といった言い方では他人には何となくしか理解できませんし、本人も悶々とした気分が晴れないものです。しかし、「八方ふさがり」といった言葉を学び、うまく気持ちと置き換えることができるようになると、他人はその気持ちに共感しやすくなります。本人も、その言葉を知る前よりもカタルシス（解放感）を得ることができるようになるわけです。

ところが、若い人は、「まじ」「やばい」「めんどくさい」といった短い言葉で、気持ちを表現しようとする風潮があります。こうした言葉が実際、自分の心の状態をもっともうまくつかんでいるのであればまだしも、実際には人によって受け取り方はまちまちで、ミスコミュニケーションを生じやすい言葉です。

社会学者の菅野仁氏によれば、こうした言葉は「コミュニケーション阻害語」と言うのだそうです（２００８）。コミュニケーションは情報伝達のためだけではなく他者である相手を思いやる気持ちを伝えるなどの情緒的なやりとりもしています。しかし、こうした言葉は、自分から相手へ一方通行なもので、双方向な言葉ではありません。ましてや表情が見えないラインやメールでは、この言葉の背景にどのような気持ちがあるのか推し量るのが難しく、たびたびミスコミュニケーションになることがたやすく想像できます。先にも述べたように、感情が身体的変化や社会および文化の影響を大きく受けていることがわかります。

図10　身体語彙にもとづく感情表現の例

頭：怒髪天を衝く、トサカにくる、頭から湯気を出す〔怒り〕／頭が痛い〔苦悩〕

眉：眉をしかめる、眉をひそめる、眉を寄せる〔不快〕／眉を上げる〔怒り〕

目：目を剝く、目くじらを立てる、目がすわる〔怒り〕／目を白黒させる、目を見張る、目の玉が飛び出る〔驚き〕／白い目で見る〔軽蔑〕

耳：耳に障る、耳が汚れる〔不快〕／耳を疑う〔不信〕

鼻：鼻が高い、鼻を動かす〔得意〕／鼻であしらう〔冷淡〕／鼻で笑う〔嘲笑〕

歯：切歯扼腕、歯ぎしりする〔怒り〕／白い歯を見せる〔笑い〕

口：開いた口がふさがらない〔驚き〕／唇がほころぶ〔笑い〕／口を尖らせる〔不満〕

舌：舌を出す〔嘲笑／照れ〕／舌を巻く〔驚き〕

顎：顎がはずれる〔笑い〕／顎をなでる〔満足〕

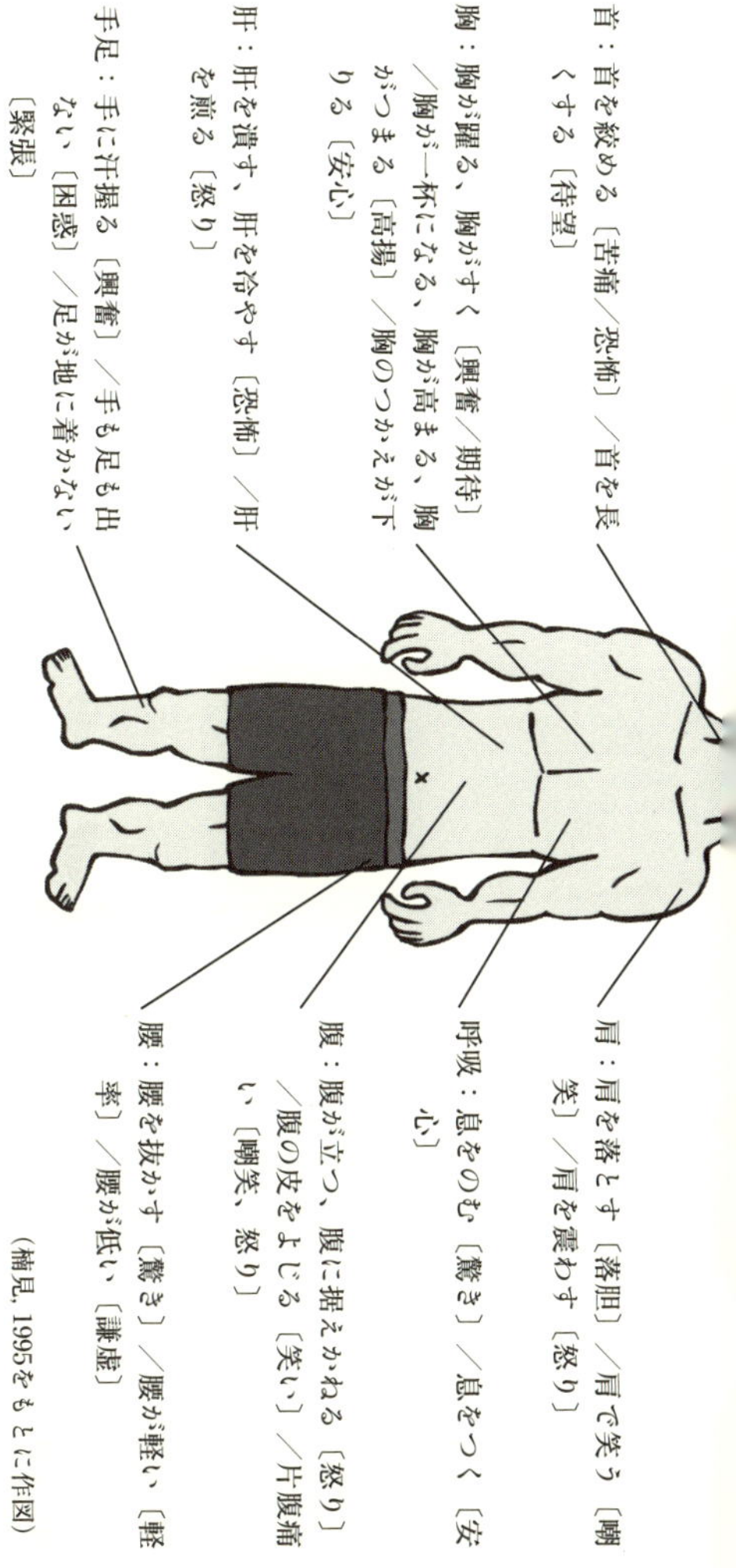

首：首を絞める〔苦痛／恐怖〕／首を長くする〔待望〕

胸：胸が躍る、胸がすく〔興奮／期待〕／胸が一杯になる、胸が高まる、胸がつまる〔高揚〕／胸のつかえが下りる〔安心〕

肝：肝を潰す、肝を冷やす〔恐怖〕／肝を煎る〔怒り〕

手足：手に汗握る〔興奮〕／手も足も出ない〔困惑〕／足が地に着かない〔緊張〕

肩：肩を落とす〔落胆〕／肩で笑う〔嘲笑〕／肩を震わす〔怒り〕

呼吸：息をのむ〔驚き〕／息をつく〔安心〕

腹：腹が立つ、腹に据えかねる〔怒り〕／腹の皮をよじる〔笑い〕／片腹痛い〔嘲笑、怒り〕

腰：腰を抜かす〔驚き〕／腰が軽い〔軽率〕／腰が低い〔謙虚〕

（楠見, 1995をもとに作図）

気持ちを言葉にするとき難しい表現を使わなくても、日本語には感覚や感情を表す擬態語（オノマトペ）が多くあります。心の状態を音で表す擬情語とか音喩と呼ばれます。多くの擬態語が次のように分類されています（山内、１９７８）。「不安」「恐れ」（ひやひや、どぎまぎ、おどおど、どきどきなど)、「喜び」「幸福」(うっとり、ウキウキ、ほっ、わくわくなど)、「驚き」(ひやっ、ぎょっ、どきっ、びくっ、がーんなど)、「悲しみ」(しょぼん、がっくり、くよくよ、がくっなど)、「怒り」(むらむら、いらいら、つんつん、かっかなど)などです。

同様に、顔つきはもとより四肢(しし)や内臓など身体的変化に基づいた感情表現もたくさんあります。これは換喩(かんゆ)と呼ばれます。たとえば、「腸(はらわた)が煮えくり返る」というのは、怒りの感情を持ったときに、大腸の動きが活発になっていることを想像させます。私たちはこうした言葉を使うことによって、他者と感情を共有し、共感することができるのです(図10)。

実際のところ、人間がはっきりと認識できる身体的変化は、その一部しかないと言われていますから、換喩と実際の身体的変化が生理学的に一致しているかどうかは、対応性があるように感じますが定かではありません。けれど、日本人がかなり身体的変化と感情の関係を意識してきたことがわかります。今後、医学の進歩からもっと多くのことがわかってきそうで、とても楽しみです。

†感情コンピテンスへの注目

いったい感情の存在についての言い出しっぺは誰なのでしょう。歴史を繙(ひもと)くと、感情については、紀元前の時代から考えられています。哲学者のアリストテレスは、知を重視しつつも、情の部分に言及する言葉を多く残しました。近年の心理学領域で、感情にスポットライトがあてられたのは、１９９０年代から２０００年前半のことですから、長きにわたって感情は関心を持たれ、研究に多くの時間がかけられていることがわかります。

21世紀の現在は、世界中で人工知能ＡＩ（Artificial Intelligence）の研究にしのぎが削られています。そのため、どちらかといえば感情よりも知性、特に言語的知性や論理数学的知性など、知能指数ＩＱ（Intelligence Quotient）について科学的な関心が寄せられてきました。

こうしたＩＱ研究の進展もあって、逆に、実際の社会生活で活躍している人たち、適応している人たちは、ＩＱの高さだけでは能力を評価できないことが知られるようになりました。より人間に近づくロボットをつくろうと思うほど、この感情コンピテンスを解明する必要性が高まっているのです。

知人の住むサービス付き高齢者住宅で、ロボットを数週間おいて生活にどのような変化が生じるかといったモニター調査がありました。その際、ロボットの「ワ、カ、リ、マ、セ、ン」という気持ちのこもらない機械音的な返答にイライラしてしまったそうです。

したがって、記憶力に優れ、難しい言葉を獲得しても、自分を冷静にコントロールしたり、場の空気を読んだり、対人関係を良好に保つといった、非認知的なコンピテンスが高くないと、良好な関係がうまく結べないことがわかってきています。

ノーベル経済学賞を受賞したジェームズ・ヘックマンは、就学した後の教育の効率性を高めるのは、就学前の教育にあると述べています。特に、自制心、粘り強さ、学習意欲など非認知的能力の重要性を示唆しました。経済協力開発機構（ＯＥＣＤ）は、この非認知能力を社会情動的スキル（Social and Emotional Skills）と分類し、感情に関わるスキルを含めてまとめています。このスキルは、身体の健康度、メンタルヘルス、さらには問題行動の少なさを予測できると分析しています。

イェール大学学長のピーター・サロベイやニューハンプシャー大学のジョン・メイヤーによって提唱された理論では、感情コンピテンスは「心の知能指数」「感情知能」「感情知性」という言葉が使われています。学術的にはＥＩと呼ばれるケースが多いですが、科学ジャーナリストのダニエル・ゴールマンが１９９５年に著書“Emotional Intelligence”（邦訳『こころの知能指数』）のなかで、ＩＱに対比される概念としてＥＱ（Emotional Intelligence Quotient）を全世界に紹介したため、現在ではＥＱが定着しています。ビジネス界に及ぼしたゴールマンの影響は大きく、いまではＥＱがリーダーに必要なもの、またトレーニングによって獲得しうるものとして定着しています。

ＥＱの理論では４つのコンピテンスが挙げられています。自分がどのように感じているかを知覚して識別する「感情の識別能力」、状況判断や課題達成のために自分の感情をコントロールする「感情の利用能力」、感情がなぜ生じてどのように変化するのかを理解する「感情の理解能力」、そして、他者に働きかけるため自分の感情をコントロールする「感情の調整能力」です。

サロベイが立ち上げたエモーショナル・インテリジェンス・センターは、私も訪れたことがありますが、気分や感情の存在意義、機能、感情知性の測度や理論、教育プログラムのエビデンス・チェックなど、感情に関わるすべてのことが研究され、また、具体的な実践プログラムが開発されています。

学生の自己効力感を高めたり、講義や実習、インターンシップなどの効果を測定するために活用できるとして、日本でも、メイヤーやサロベイと、共同研究者のデイビッド・カルーソらの協力を経て、大学生向けＥＱ行動特性検査が開発、活用されています（２００８）。

発達心理学の領域では、ソノマ州立大学で教鞭をとったキャロライン・サーニが感情コンピテンスの必要性を唱え、感情は、問題解決や道徳教育などとも関連づけられるようになりました（2006）。サーニは、親が関わり方に失敗すると子どもをダメにしてしまうことがあると考えました。

発達臨床に積極的に関わったサーニは、子どもたちが自分の気持ちに対処できないでいることに関心を寄せました。そして気持ちを言葉にする、気持ちを調節するといったスキルについて精力的に研究しました。

彼女の有名な研究があります。魅力的なプレゼントをもらったときに、子どもは満面の笑みで喜び、ありがとうと返答します。では反対に、好みでないものをもらったときに子どもはどう反応するでしょうか。サーニは観察記録から次のことを指摘しました。好みでないものをもらっても、子どもは何とか笑顔でいようとし、ようやく聞き取れるくらいの声で、「ありがとう」と言った子もいたのです。これは、社会的表示規則（Social display rules）と呼ばれる概念を導いた研究です。

子どもといえども、感じたことを常にそのまま表現するわけではありません。社会的な慣習を知り、気遣いができるようになると、相手を傷つけないように、自分の気持ちをありのまま表現せず、抑制するようになります。感情のディスプレイを自分でモニターしたり、統制したりするようになるという事実が明らかになりました。大人は、日々こうした状況に直面しています。相手への気遣いばかりではありません。何でもないような表情で「問題ない」と言ったり、笑顔までつくろうとしたりした経験は誰でもあるでしょう。

感情コンピテンスは、自分の感情を理解しマネジメントしたり、設定した目標を達成するため、また他人を思いやったり共感できるようになるためのものでもあります。良好な対人関係を築き維持するために、感情コンピテンスは必要な知識やスキルであることは、多くの研究によって実証されています（Durlak, Domitrovich, Weissberg & Gullotta, 2016）。

最近では、児童期および青年期における感情コンピテンスについては、とりわけ、学業達成とも関係していることが明らかにされており、コンピテンスの教育、育成、支援に力が入れられ始めています。すなわち、感情をうまくマネジメントできる力があると、先生や友達とうまくコミュニケーションすることができます。現在のグループ学習やアクティブラーニングが取り入れられるようになった授業でも積極的に参加することができ、その結果、成績も伸びるのです。

†感情リテラシーはトレーニングで獲得できる

次に、感情リテラシーについて考えてみたいと思います。コンピテンスは、どちらかといえば「潜在能力」を念頭においた概念です。一方リテラシーは、教えられる対象となるもっと「具体的なスキル」を指します。リテラシーというと理解・解釈・分析という概念もありますが、単純に言えば「読み書き」のことで、トレーニングによって学ぶことができます。言葉に置き換えられるスキルであり、教えることができる単位にかみ砕いたコツや術と考えても良いと思います。

子どもたちは、成長するにつれて、自分の周りに世界というものが存在することを理解し、日々直面する問題を解決していくことが求められます。たとえば、ある事柄に直面したときに、感情が喚起され、その感情がどういう種類のものか、他の人に伝えたほうが解決しやすいという体験を重ねていきます。「おこった」とか「かなしい」といった言葉を理解し、自分からそのような気持ちを持ったことを他人に表現することができるようになれば、他人からの理解を得やすいでしょう。また、他人がこうした言葉を使ったときに他人の心理状態を知ることができ、対人関係の仕組みをより深く理解し、変えていくこともできるようになるわけです。

子どもたちは成長するにつれて「自分の世界」だけではなく、周りに「他人の世界」が存在することを理解していきます。たとえば、感情が湧き上がり、それがどういう感情か、他の人に伝えたら解決したといった体験をします。感情を表現するための言葉を理解し、そのような気持ちになったことを他人に伝えられたということです。こうした体験を重ねることによって、他人が怒ったとか悲しいと言ったときにも、その人の心理状態を推測するようになります。このプロセスを経ることで、子どもは対人関係の仕組みをより深く理解できるようになるわけです。

ですから、幼児期であれば、「かなしい、おこった、うれしい、おどろいた、ふあんだ」といった感情を理解し、その言葉を使えるようになることがまず必要になってきます。感情を表現するスキルは自然に身につくものではなく、遊びのなかで親や友達とのやりとり、あるいは先生から教えられて学んでいきます。絵本やテレビ、ゲームなどから気づくこともあるでしょう。

子どもたちは、大人や友達から意図的に感情リテラシーを学ぼうとして遊んでいるわけではありません。遊びという自由な時間や空間でいろいろな人たちと関わり、「負けて泣くのは恥ずかしいよ」「なんで嫌って言わないの」といったやりとりが積み重ねられるなかで、問題解決に必要な感情リテラシーを身につけています。

この際に、大人も感情教育をしている意図はないでしょう。生活のなかで「怒りん坊だから、こんなことになっちゃったね」「あんな大声出すと、恥ずかしいよ」といったやりとりによって、「いかる、おこる」「はずかしい」という気持ちの存在や「おこりんぼう」という言葉の意味、怒りをうまく調節しないと解決できないことなどを、無意識に教えてきたわけです。

しかし今日、子どもとの関わり方がわからないと悩む親が増え、地域とのつながりも希薄なために、子どもが感情リテラシーを自然に学ぶかどうかの保証はなくなっています。むしろ学んでいないかもしれない実態が見えてきました。遊ぶ時間は塾や習い事が増える分減り、少子化で遊ぶ仲間を得ることも難しくなっています。遊び場所を見つけるのも至難です。ですから、意識的に感情リテラシーを教えていかなければならないのです。先述した世界の動向もあり、とりわけ昨今、学校において、社会性と感情の教育が注目されてきています（池迫・宮本、ベネッセ教育総合研究所〔編〕2015）。

感情リテラシーは、先の感情コンピテンスと対応します。子どもたちにとって、何か深刻な事態や難しい場面に遭遇してもパニックにならず、落ち着いて問題を解決していくリテラシーの獲得が必要です。どんなに豊かな知識を持った子どもでも、感情が不安定だと、その力を十分に発揮することはできません。また、自分だけではなく他人の気持ちも理解できてこそ、互いにうまくいく行動を選びとることができます。

第二章「感情の発達」でも取り上げますが、感情リテラシーとして、感情の表出と理解や、強度が研究対象となっています。子どもは、友達が笑っている表情を見ると喜び、鼻にしわを寄せると嫌悪感、しかめっ面をみると怒っていると理解します（Denham, et al., 2015）。こうした表情の表出は、文化や社会を超えて普遍的、生得的であるという考え方があります。嬉しい、楽しい、怒り、恐れる、驚きといった基本感情を調べるためにはテストが活用されたりしています（Ekman & Friesen, 1976; Tottenham, Tanaka, Leon & Nelson, 2009）。他方で、こうした感情は時間をかけて獲得されるという考えもあります。快・不快という価値と喚起水準、身体的な情報によって解釈されるわけです（Carroll & Russell, 1996）。ただし、表情だけでの判断は難しく、声や文脈、しぐさなどを合わせて理解されると主張されています（Hassin, Aviezer, &Bentin, 2013/Mondloch, 2012）。

感情リテラシーの研究でよく扱われる一つに、感情の強さがあります。7歳から30歳を対象に横断的に検討している研究や（Wintre, Polivy & Murray, 1990）、幸福・悲嘆・怒り・恐怖・愛おしいという5つの感情をもとに性差との関係を調べた研究（Schwartz & Weinberger, 1980）が知られています。この研究では、感情の強さは年齢による変動が少ないことや性差が見られること、また感情を表す語彙は男性よりも女性が多いことが報告されています。

日本でも、児童期を対象にした同様の報告があります（本村、２０１５）。嬉しいなどポジティブな感情が喚起される場面で、小学校1年生の方が、それ以降の学年よりも強く表現しましたが、すべての感情の強さが必ずしも学年とともに変わるわけではありませんでした。感情の種類でいうと、喜びの感情は悲しみに比べて大きめに認知されるなど、感情のラベリングによって、イメージが変化する可能性が示唆されています。

†入り混じった感情の理解

わくわくするけれど不安だといった、ポジティブ感情とネガティブ感情が入り混じった感覚は、何歳くらいから理解し、表現できるようになるでしょうか。8歳、10歳、12歳の児童を対象に、どの年齢で「入り混じった感情」を理解できるのかを調べた研究があります（久保、1999）。そうした状態にある作品の登場人物の気持ちを、児童にインタビューしたところ、ポジティブとネガティブ両方の感情を言語化し、理由を説明できるようになるのは、おおむね10歳以降であるということでした。ただし、12歳でも説明できたのは約3分の1でした。

また、入り混じった感情は必ずしもネガティブとポジティブ感情の組み合わせだけでは、ありません。「嬉しくて、楽しい」や「悲しくて、寂しい」というふうにネガ・ポジどちらかの感情を重ねることもあることがわかりました（久保、2007）。年齢が上がると、感情のバリエーションが増えることもわかっています（仲、2010）。

私たちが行った調査では、「頑張ったのに友達よりも成果が低い場面」と「頑張らなかったのに友達よりも成果が高かった場面」を比較しました。対象は小学校1年生から中学3年生の児童・生徒。1番強く抱いた感情と2番目に抱いた感情を自由回答で求め、それぞれ気持ちの強さを、温度計の絵を使って表現してもらいました（図11）。すると、4年生以上で変化が顕著でした。4年生以上は入り混じった感情や共感的な表現を低学年よりも多く回答していました。

また、女子の方が感情表現は多く、中でもネガティブな感情表現が男子よりも多く見られました。女子は文章で表現する傾向が高いのに対して、男子は「ゲッ」「グサっ」といった短い間投詞による表現が多く見られました。入り混じった感情を理解して、表現できる子どもは、ソーシャルスキルが高いこともわかっています（Saeki, Watanabe & Kido, 2015）。ちなみに、自分にとって必ずしも

図11　感情の温度計の例

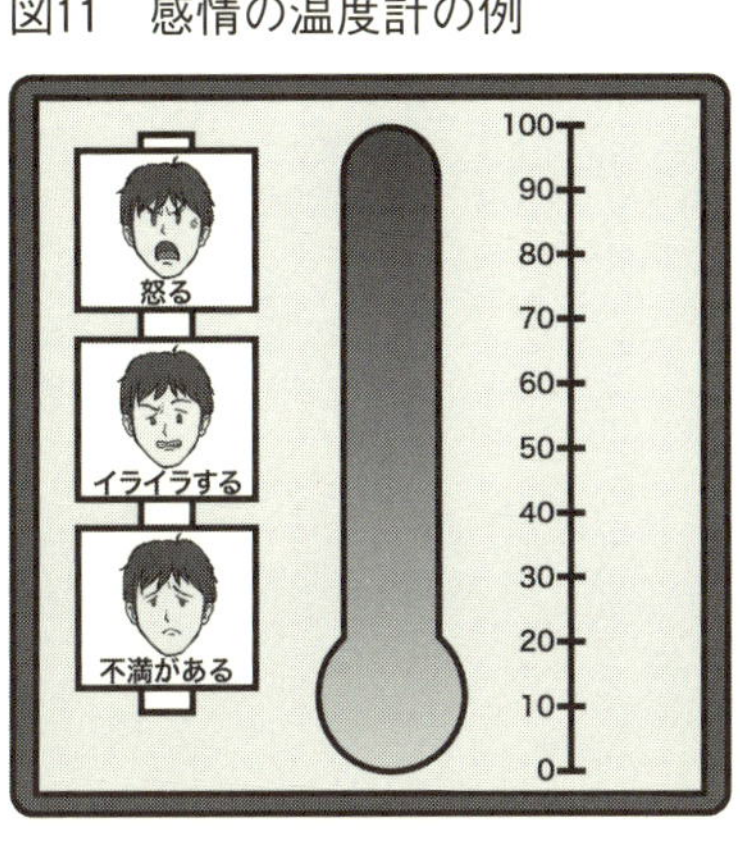

利のある状況でなくとも相手を立てるのは、男子よりも女子に多いという報告もあります(Chaplin & Aldao, 2013/LaFrance, Hecht, & Paluck, 2003/Zeman & Shipman, 1996)。

今後、感情リテラシーの研究が進むほど、どういったリテラシーを育てる必要があるか解明されていくことでしょう。特に、研究対象になってはいませんが、現代人の忘れがちなわくわく感を育てる手立てや実践を見ていきたいと思います。

その点も踏まえて、次の第二章では感情の発達について詳しく書いていきます。

第二章

様々な年代と感情の発達

お母さんのお腹のなかにいる胎児期の子どもたちはすでに何かを感じているのでしょうか。そうした問いについて、実は、いまだ明確な回答はありません。母親が妊娠しているときに、心地よい音楽を聴いていると胎動がゆっくりとなるとか、外部からの刺激と胎児の動きや生理的な指標との関係は、これまでも検討されてきています。しかし、動きがゆっくりになった、あるいは逆に早くなったから、心地よいと感じているのか不快なのか、実際の胎児の主観的な感情と動きの関係はいまだわかりません。それは、観察者側の推測の域にとどまります。胎児の動きが穏やかになったのは、嫌悪の感情で動きが鈍っただけなのかもしれないわけですから。

外部からの刺激が胎児の感情に影響を与えているかどうかという視点ではなく、むしろ、母親の気持ちのほうが大切だと、いまでは考えられています。胎児がうまく育って欲しいと願っているか、あるいは胎児に愛しい気持ちを持っているか、という母親の情緒の安定が、子どもの生育に影響を与えている可能性があるのです。

カリフォルニア大学アーバイン校のカート・サンドマンらは、母親の妊娠時の状態が、胎児にどう影響を与えているかの研究をしています（2011）。お腹の胎児は常に母親の鼓動を聞いていますが、そこから常に情報を得ているのだとしたら、安定した鼓動の音はどんな音楽よりも重要です。へその緒を通して胎児とつながる母親の胎盤は、栄養だけでなく化学的なシグナルも伝えていますが、母親の精神状況も伝わっているのではないかと、サンドマンらは報告しています。

私が客員研究者としてボストンにあるハーバード大学に滞在していたときに、子どもを預けていたピーボディ・テラス・チルドレンセンターに数年後に懐かしくて立ち寄ったとき、乳児の部屋に、母親の胎内の鼓動の音が流されていて驚いたことがあります。

母親が情緒不安定でアルコールやドラッグなどに手を出したなら、そうした物質の害は胎盤を通して伝わってしまいます。今後一層、胎児期の子どもの感情と妊娠期の母親の感情の研究についてさまざまなことが明らかになってくると思いますが、母親の情緒の安定を保つためには、母親個人だけではなく、周囲のサポートや社会を含めた研究が必要になります。

†乳児の愛着と人見知り

赤ちゃんは、感情が迸る(ほとばし)という表現がぴったりなくらい常に感情を発散しています。どんなモノマネ芸人でもとても真似のできないパワーで、朝から晩まで始終、泣く、泣く、泣くです。その泣き声は周囲の大人をオロオロさせる威力を持ちます。つき動かされるような不快の源は、「おなかがすいた、のどがかわいた!」といった生理的な欲求です。なにしろ、生きていくために食べないといけないし、飲まないといけないし、息を吸わないといけないわけですから、激しく訴えることになります。乳児にとって誰からも気づかれない状態にあることは、死と直結するわけですから必死です。

同時に赤ちゃんは、周囲にいるものから素晴らしい愛を引き出す力を備えていると考えられています。誰でも赤ちゃんを見たら、「わぁー、可愛い」と表情を綻(ほころ)ばします。周囲から愛おしさの気持ちを引き出します。

思いやりを育てる教育プログラムの中には、赤ちゃんのこの引き出す力を活用しているものもあるくらいです。そのプログラムは、カナダのメリー・ゴードンによって考案され、「ルーツ・オブ・エンパシー」と呼ばれています。幼稚園、小学1~3年生、小学4~6年生、中学1~2年生用と4種類の教材があります。1歳未満の乳幼児とお母さんが教室を訪問します。子どもたちは、赤ちゃんの様子を観察します。赤ちゃんが何を感じ、何を言おうとしているのかを理解することを通して、相手の気持ちや感情を探り、同化する能力を育みます。このとき、素晴らしい光景に遭遇するのですが、赤ちゃんを初めて見た小学校の子どもたち誰もが、「わーっ」という歓声をあげることです。つい数年前まで自分たちも赤ちゃんだったのですが、対象として赤ちゃんをただ見るだけで、どんなオモチャを与えられたときよりも、驚きと好奇の目を注ぎ、小躍りするような気持ち、わくわくした心持ちになるのです。

赤ちゃんの楽しげなクーイング（「うー」「あー」などという赤ちゃんの声で、発話の第一歩）は、みんなの気持ちを癒します。安らぎ、心地よさ、嬉しさといった宝物を与えられたかのようです。とりわけ、こうした気持ちを親は敏感に感じとり、「どうしたの？」「お腹すいたの？」と常に応答します。お腹がすいたという不快な気持ちを察すれば、よしよしと授乳してやります。寒そうだと思えば、毛布で包んでやるという具合です。そうして、親が自分の欲求に応答してくれると、赤ちゃんは満足そうな様子を示します。

生後3か月くらいになれば、微笑（社会的微笑）を示すようになります。赤ちゃんの満足げな笑顔を見て、親の気持ちはさらに温かくなり、互いに心が通じ合うようになります。もちろん、いくら応答しても赤ちゃんが泣き止まず、新人のパパとママは、途方にくれることもあります。気分が落ち込み、空回りすることもあるでしょう。それでも、周囲の支えやアドバイスをもらいながら、辛抱強く関わることで、互いにやりとりができるようになります。このようなやり取りを通して形成される心の絆は「愛着（アタッチメント）」と呼ばれます。母子関係以外でも親しい人との間に形成されます。

生後6か月くらいになると、いつも応答してくれる親とそうでない人を見分ける力がついてきます。見知らぬ人に見つめられるだけで泣き出したりする「人見知り」です。それだけ、特別な人への愛情が根づいてきたことの表れです。ですから、人見知りは、親にとっては喜ぶべき行動です。ようやく生まれてからこのかた一生懸命応答してきたことによる信頼関係が成立したことを意味するからです。

†愛着理論と親

乳児の時代は（実は、どの年齢もそうなのですが）、自身が表す様々な感情に、親身に応答してくれる人を求めています。親からの深い愛を感じとることは、自分の存在価値を確認する第一歩です。「うれしい、いやだ」という快や不快に寄り添ってくれる、関心を持ってくれる、常に注意を向けてくれるということは、自分がここに存在していて良いのだという自分の価値を感じることにそのままつながるからです。

愛着の理論は、英国の精神科医ジョン・ボウルビーによって詳細に述べられています（1969／1982）。たとえば、強い恐れが喚起されるような危機的状況が生じたときに、その場にいる親から慰めや保護といった行動が適切に与えられると、パニックになりそうな気持ちも穏やかになります。この愛着関係は、おおよそ1歳で成立すると言われています。

それを明らかにするために用いられた有名な方法に、図12に示されるストレンジ・シチュエーション法があります。これは、米国の心理学者メアリー・エインズワースらが考案した乳児と母親の愛着の発達やタイプを明らかにする実験的な観察法です（1978）。

赤ちゃんを部屋で1人にしたり、見知らぬ人と一緒に過ごさせたり、そこへ親が戻ってきたりなど、全部で8つの場面を設定します。母親と2度離され、2度再会する場面が設定され、その際の赤ちゃんの様子を観察します。その観察に基づいて親子の愛着関係が3タイプ（現在では、4タイプ）に分けられます。

赤ちゃんは、母親と離れるととても悲しいわけですから、親子が分離されるときには悲しみ、親が戻ってくると嬉しそうにすることが期待されます。こうした予想通りの行動を見せる子どもは「安定型」と呼ばれます。

これに対して、親が戻ってくると近づこうとはしますが、同時に怒ったり泣いたりして、親が戻って来ても、しばらく落ち着かない行動を示すのが「葛藤型（アンビバレンツ型）」です。

親が部屋を出て行っても泣き叫ばず、戻ってきたときも親のところに行かないのが「回避

図12　ストレンジ・シチュエーション法の８場面

①母親と赤ちゃんと実験者が入室。実験者は入室して説明したのち退室（３分）

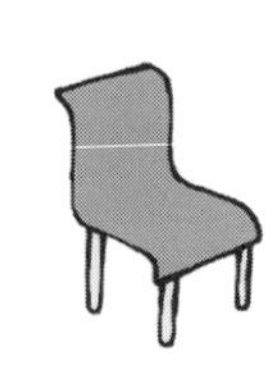

②赤ちゃんがおもちゃで遊んでいる様子を母親は椅子に座って見ている（３分）

③ストレンジャーが入室。母親とストレンジャーはそれぞれ椅子にすわる（３分）

④最初の分離場面。母親は退室。ストレンジャーは、赤ちゃんにやや近づき働きかける（３分）

⑤最初の母子再会。
ストレンジャーは
退室（3分）

⑥2回目の
母子分離
場面。赤
ちゃんを
1人で残
す(3分)

⑦ストレンジャーが入
室。赤ちゃんをあや
す（3分）

⑧2回目の母子再
会。母親が入室
し、ストレンジ
ャーは退室（3
分）

型」です。

　母親に近づいても目を合わせようとしないとか、おとなしいと思うと突然泣き出す、あるいは抑うつ的な態度を示すなど、いっけん矛盾した行動が目立つ場合は「無秩序型」と分類されます。

　こうした個人差が生まれる要因は、親の養育態度が深く関係していると考えられています。安定型の子どもの親は、子どもの行動に対して、情緒的に一貫した反応をとります。子どもがむずかったり、たとえ泣いたりわめいたりしても巻き込まれず、ある程度一貫して応答します。ですから、子どもは常に安心して自分の気持ちを見せることができます。一貫した親の反応が、子どもの自己効力感や自己肯定感を高めることにつながっていると考えられています。

　これに対して、葛藤型の子どもの親は態度が一貫していないことが少なくありません。子どもをときには突き放し、ときには受け入れたりします。そのため、子どもは親の行動が予測できずに、いつもおどおどと不安を表すようになります。

　回避型の子の親は、子どもに拒否的な態度をとることが多いようです。親が離れても泣いたり混乱したりせずに、戻ってきても関わりを避けようとします。

　親が虐待をしたり、精神に問題があったりする場合に、無秩序型となる傾向があると指摘されています。このタイプは、親が離れるときも再会するときも予測できない行動をとり、突然すくんだり怯えたりするなど、接近したいのか回避したいのか、どっちつかずの行動をとることが少なくありません（川島・渡辺、2010）。

このように、子どもの反応や行動、特にネガティブな感情に対する親の対応が、子どもの感情や対人関係の発達に少なからぬ影響を及ぼしていることが明らかにされています。

養育者が乳児の状態を感じとって、「ヨシヨシ、怖かったね」といった応答をしてやることで、乳児の感情は分化していくと考えられています。たとえば、ミネソタ大学のアラン・スルーフェは、乳児の感情の分化について、月齢4か月以降で楽しみや喜びなどの気持ちに分化し、9か月頃には、見知らぬ人への恐れの気持ちが生じていくと指摘しています。その後に、照れや羨望、さらには恥や罪悪感の感情が現れると述べています（1996）。

普段の生活の中で子どもの気持ちに寄り添い、「どうしたの」「怖いのかな」「恥ずかしいの?」「なんか悪いことしちゃった?」と、その気持ちを代弁してやることは、子ども自身に心の状態と親の言葉を結びつける「気づき」を与えることになります。それから次第に、自分の言葉で自分の気持ちを表せるようになるのです。このように感情が複雑に分化していくプロセスは、子どもが表した感情を親がどのように受け止め、解釈し、子どもにフィードバックするかによってうながされていくものなのです。

ドレン・リッジウェイと、エヴェレット・ウォーターズ、スタン・クシャザイらは、18か月から71か月の子どもたちを対象に、どのような感情ボキャブラリーが使われているかを調べています（1985）。それによると、1歳半からすでに快や不快に関わる単語がよく用いられるようになると報告しています。

1歳半ごろになると、鏡に映る顔が自分の顔であることが認識できるようになり、自我が目覚めます。何でも「いやっ！」といって自己を主張するので、子育てが大変だと嘆く親もいますが、自分の意思にかかわるような言葉が増えていく時期でもあります。

†幼児期のボキャブラリー増加

続く幼児期は、万能感が強く、自分のことばかり考える自己中心的思考が強い時代です。「あなたはどんな人？」と尋ねれば、「ピンクのカバンをもってるよ」「いつもリボンをつけてるの」「ピカチュウのクツはいている」といった具合に、具体的なもので自分を表そうとする傾向があります。

「いまどんな気持ち？」と尋ねてみると、「うれしい、かなしい」といった基本的な感情はすでに3歳あたりで理解し、それを言葉で表せるようになっていきます。幼稚園でも、「かわいい」「うれしい」「やったー」「いやっ」「おこった」の言葉があちらこちらで飛び交います。ポジティブな気持ちだけではなく、ネガティブな気持ちも頻繁に体験していることが言葉からわかります。

幼児期の感情語の発達研究によれば、0歳では「いや」というネガティブ感情が1語のみ見られ、1歳になると「いや」「こわい」というネガティブな言葉のほかにも、「おもしろい」「いい」といったポジティブな言葉、そして「ごめん」といったニュートラルな言葉が使われたと報告されています。2歳以上になると、ボキャブラリーが増えていき、3歳児では、「いや」「きらい」「へん」などネガティブな感情が8種類、4歳では7種類、5歳では12種類も見られ、とりわけネガティブな感情が多いことがわかりました（松永ら、1996）。こうしたネガティブ感情が増加する理由は、園生活における他人との葛藤がふえ、情緒的な関わりをしているからだと考えられます。

また、日常場面での幼児の仲間遊びを観察した研究によれば（図13）、3歳児では好み（「かわいい」）や喜び（「おもしろい」）に関わるポジティブな言葉がすでに11種類も使われていました。ネガティブな感情については怒り（「だめ」）、嫌悪（「きたない」）、恐れ（「こわい」）、困惑

図13　幼児期の語彙の増加

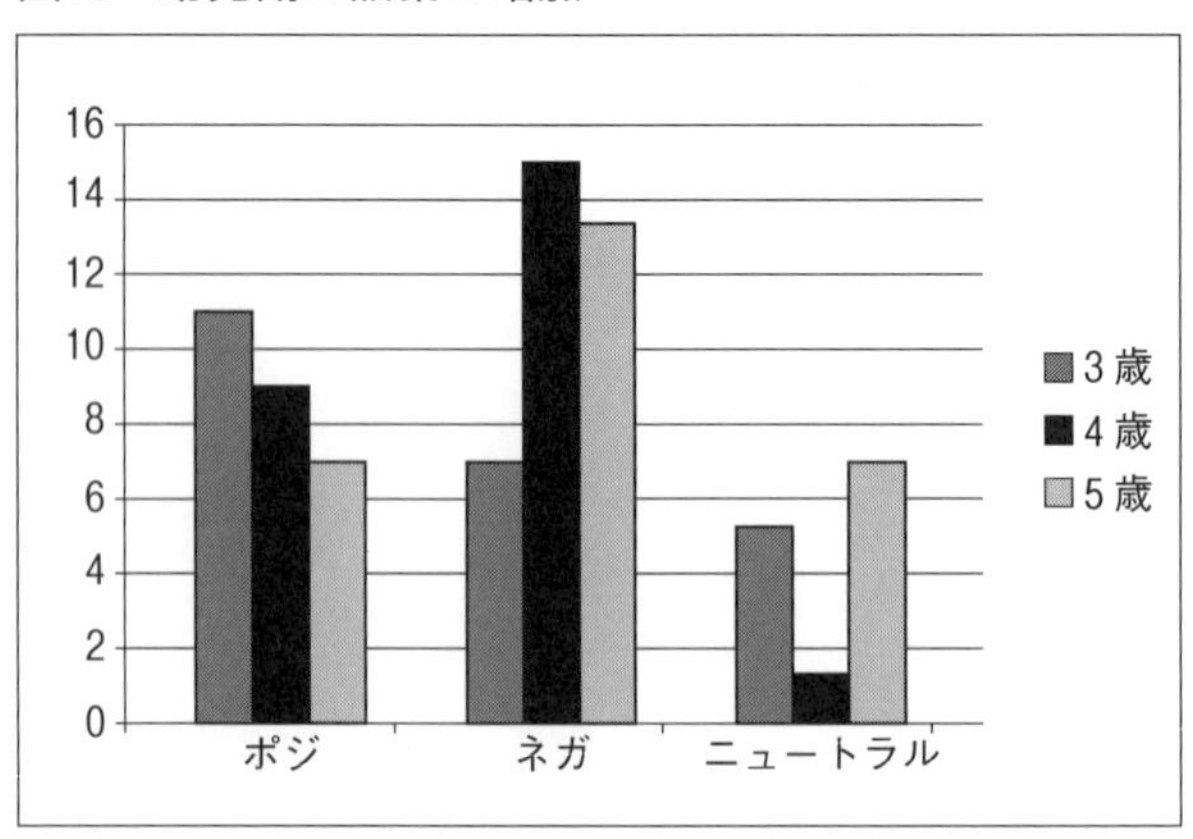

（岩田，2015）

（「どうしよう」）など8種類、ニュートラルについては同情、驚き、忍耐など6種類、合計25種類の感情語が見られたと報告されています。その後、4歳では26種類、5歳では30種類が使われていました（岩田、2015）。

4歳から16歳までを対象にした別の研究では、子どもの語彙は12歳までは増えるが、その後は差が出ると指摘されています（Baron-cohen, Golan, Wheelwright & Granader, 2010）。

幼児の感情のボキャブラリーについては、私の研究室でも調べていますが（藤野・本村、2015）、岩田と違い、自然な場面での観察ではなく、日常生活で体験するだろうと思われる場面を設定して調べました。

日常の生活にある遊びの場面、生活場面、食事場面を設定して、それを絵で示し、そのなかの子どもの気持ちを尋ねる方法を取りました。たとえば遊びの場面では、1人で遊んでいる子どもと集団で遊んでいる子どもを描写した絵を見せ、「この子は、どんな気持ちかな？」と複数の登場人物の気持ちを尋ねました。また、「どうしてそう思ったかな」と理由もあわせて聞きました。

その結果、幼児が使った言葉は、全部で21種類でした。ポジティブな言葉は、「うれしい」「たのしい」「やさしい」「いい」「おもしろい」「えらい」「ありがとう」「おりこう」「わらっている」「よろこんでいる」で10種類、他方、ネガティブな気持ちは、「いや」「かなしい」「だめ」「さびしい」「おこる」「こわい」「がっかり」「ずるい」「わるい」「なく」といった表現10種類でした。

特に、年少から年長へとボキャブラリーが急に増えるわけではありませんでした。ただ、「うれしい」「いや」「かなしい」「さびしい」は年少児から見られていましたが、「たのしい」という言葉は年長児からでした。これは、良いことはすべて「うれしい」だったのが、次第に「うれしい」と「たのしい」に分化し、状況によって「たのしい」が選択されるようになったからと考えられます。

こうした様々な研究をまとめると、言葉を使って自分の気持ちを表現できるようになるのは

2歳半くらいからのようです（Bretherton et al, 1986）。そして、3歳児あたりで、おおよそ状況にあった気持ちの言葉を使えることがわかります。その後、基本的な気持ちを表す言葉が20個ぐらい使えるようになりますが、必ずしも年齢とともに直線的に増えるわけではないようです。この他、笑っていると嬉しい、しかめっ面が怒り、泣いていると悲しいといった理解は、2歳から4歳までにかなりできるようになります。

少ないながら、声から感情を予測できるか、という研究もあります（近藤・林、2015）。たとえば、5歳と7歳の子どもに、喜びの声や怒りの声を発してもらい、どんな感情の声か、5歳、7歳、大人に判断してもらうというユニークな研究です。

その結果、怒りの気持ちが込められた声を、5歳はポジティブ感情である喜びと判断してしまうことがあるのに対して、7歳は怒りではないものの、ネガティブ感情である悲しみの気持ちとしてとらえました。つまり、7歳になると、音によってネガティブかポジティブかといった質的な感情の違いを理解できるようになったと考えられます。また、驚きの音声については、5歳でも7歳でも判断するのがむずかしいことが明らかになりました。確かに、驚きは、喜びの驚きもあれば、悲しみの驚きもあるわけですから、小学校低学年が音声だけで聞き分けるのは意外とむずかしいのでしょう。

†児童期の感情表現の増加

6、7歳頃になると、相手がぎくりとした様相や驚きなどについてようやく理解ができるようになります。息をのむ顔を見て恐れと関連付け、鼻をひしゃげたようすを見て何か嫌悪を感じているんだろうと推測します。こうした関連性の理解は、おおよそ9歳になると予測できるようになります（Widen & Russell, 2002）。ボストン大学のワイデンは、表情の理解が怒りから嫌悪、悲しみ、恐れへと、しだいに分化していく様子を説明しています（2012）。ただ意外にも、ほかの感情と比較して「嫌悪の感情」は、正解率が低いと指摘する研究もあります（Nelson & Russell, 2013）。

3歳から6歳の幼児と小学校1年、2年、4年、6年の児童を対象として、子どもたちが気持ちを表す表現を調べた研究によれば、ポジティブな表現よりもネガティブな表現の方が、バリエーションが豊富であることがわかりました。特に悲しい、怒ったといったネガティブな表現は、学年が上がるにつれてどんどん種類が増えていきます。また、男子より女子の方が、ボキャブラリー数が多くなりました（仲、2010）。

遊び場面など日常生活での典型的な場面を設定して、投影的に感情を表現させる方法を用いた私たちの調査では、小学校1年生は感情のボキャブラリーが少ないものの、2年生で増加し、それ以降の学年では同じくらいの数の感情語が使われていることがわかりました（渡辺・藤野、2016）。やはり女子の方が男子よりも表現数が多く、ネガティブな表現の方が、ポジティブな表現よりもボキャブラリーが多く見られたことは、先行研究と一致していました。ただし、どうして女子の方が多いのかという理由は、未だ十分にわかっていません。

8、10、12歳を対象とし、どの年齢でポジティブな感情とネガティブの感情が入り混じっていることを理解できるのかを探求した研究があります（久保、1999）。楽しいけど不安というポジティブとネガティブの感情が生じる場面を読んで聞かせ、登場人物にインタビューで答えさせました。概ね10歳以降になると、両価の感情を言語化でき、理由も説明できるようになります。

†子どもの感情の質と強さの発達

リチャード・レーンとゲーリー・シュバルツは、感情を適切に理解するということは、自分の感情を言葉で表現できるだけではなく、さらに、感情の強さや質についても、より分化して認識できることだと考えました（1987）。つまり、自分の感情を言葉で表現できるだけではなく、その強さや質も、より分化して認識できるようになると感情の理解が深くなると考えたのです。

確かに、感情を表現するためには、感情を的確に認識する必要があります。自己の感情を認識するということは、ある種の感覚やその状態に気づき、「これが不安という感じだ」といったラベルを貼ることで、この間の気持ちと同じだ（または違う）といったことを知るプロセスがあります。つまり、気持ちにラベルをつけ、その感情を象徴化するということです。ラベリングすることによって、感情というとらえどころのない抽象的なものを、可視化できる形に落とし込むわけです（酒井、2000）。

感情をコントロールするプログラムに「感情の温度計」（図11参照）というワークがあります。自分の感情を数値化し、その強さを表現するものですが、強さを理解することでコントロールできるようにするワークです。感情を言語化すること、そしてその強さを的確に認識することは感情調節の基礎です。「なぜ、そう感じたのか」という感情の原因を理解することができれば、感情を適切にマネジメントできるようになります（Saarni, 1999）。

感情の温度計を使った例として、たとえばマクシン・ウインターとデニス・ヴァレンスのものがあります（1994）。4歳から8歳の子どもに短文を読ませ、主人公が感じていることをインタビューしました。その後に、主人公がその感情をどの程度感じているか5段階で、ここでは温度計の形をした筒にビーズを入れるよう指示しました。「その感情をまったく感じていなければ、一番下の線までビーズを入れてください、その感情を少し感じているなら、2番目の線までビーズを入れてください」といった具合に感情の温度計を使いました。すると平均7歳9か月で、相反する感情を複数感じることができ、さらにその気持ちの程度も区別できるようになることがわかりました。

†感情の性差と年齢差

第一章で概観したように、感情は年齢による発達とともに、性差があります。たとえばプレゼントをもらえるなど嬉しい場面で、児童に表情を選択させると、喜びと驚きに分かれます。驚きの表情を選択した上で「嬉しい気持ち」と回答する子どもは少なくないことが報告されています。また、友達と意見があわない場面では、小学校低学年では悲しみの表情を選ぶ子どもが少なくありませんが、学年が上がるにつれて悲しみと怒りに分化します。そして、女子の方が悲しみを選択し、男子は怒りを多く選ぶなどの性差も認められます（本村、2015）。

感情が分化するだけではなく、悲しみと怒り、どちらの感情を先に感じるかという違いが男女にあるのかもしれません。この辺りは、今後もっと研究が積み重ねられる必要があります。感情を表す語彙数の発達については、必ずしも学年とともに語彙数が増加するわけではないことも明らかになりましたが、その背景も検討が必要でしょう。

この研究では、年齢による表現の仕方に顕著な違いが見られました。低学年は気持ちを単語一語で「うれしい」などと表現する傾向が高いのに対して、中学年では「あんなに練習したのに6位か」というように、その場面の状況や登場人物の行動に言及する表現の仕方に変わります。さらに高学年になると、こうした行動や状況を言及する上で感情語も使えるようになることが明らかになりました。9歳か10歳をピークに表出の仕方が変化していくことがわかっています（渡辺、2011）。

中学年以降になると、特にポジティブな気持ちで「よっしゃ」「ラッキー」「くっそー」「イェーイ」「ハッピー」といった間投詞を用いることが多くなります。表現は、その時代のメディアやアニメなどの影響を受けると考えられます。

気持ちを表す語彙の数は、これまでの研究と一致して、ネガティブな感情を表現するタイプが多く出現していました。もともとネガティブな気持ちを表す表現は数が多い上、早期から獲

図14-1　感情ボキャブラリーリスト（ネガティブ感情喚起状況）

	1年	2年	3年	4年	5年	6年	合計
かなしい	30	16	4	26	23	25	124
さみしい（さびしい）	38	32	1	15	10	15	111
いや	11	30	15	19	11	15	101
楽しい	11	18	11	18	7	9	74
面倒くさい	2	9	7	15	10	14	57
うれしい	16	6	2	9	2	4	39
面白い	3	4	9	7	6	6	35
かわいそう	15	6	6	4	2	0	33
ひどい	0	3	3	8	7	11	32
いい	6	5	4	6	2	6	29
つまらない	1	2	5	3	1	6	18
ありがとう	8	4	0	3	0	1	16
ずるい	2	5	1	1	3	0	12
最悪	4	0	0	2	2	3	11
楽	0	0	2	1	4	3	10
だめ	2	3	1	0	0	0	6

ネガティブ感情を喚起した状況では以下、怒り（怒る）、悪い（合計6）、どうしよう（合計5）、嫌い（嫌う）、やさしい、うざい（合計4）、泣く、好き、うらやましい（合計3）、いらつく、おいしそう、腹が立つ、よろしく（合計2）が続く。

得されることが多いからでしょう (Saeki, Watanabe & Kido, 2015/Dunn, Brown, Slomkowski, Tesla & Young-blade, 1991)。図14の1と2にあるように、児童期の感情表現に焦点を当てた研究で小学校1年生から6年生を対象に調査しましたが、女子の方が男子よりも語彙が多いこと、さらにネガティブな感情の表現が、ポジティブ表現よりも多いことは共通しています（渡辺・藤野、2016）。

†小学生のパラ言語情報

感情表現について言葉に注目してきましたが、それ自体の内容だけでなく、

図14-2　感情ボキャブラリーリスト（ポジティブ感情喚起状況）

	1年	2年	3年	4年	5年	6年	合計
楽しい	60	80	53	69	45	61	368
かわいそう	5	25	24	40	36	35	165
いい	15	23	9	13	5	16	81
うれしい	26	10	11	18	4	6	75
ありがとう	13	6	4	3	2	5	33
気持ちいい	4	1	3	4	2	2	16
面白い	0	5	5	1	1	2	14
かなしい	5	2	1	2	1	0	11
ずるい	0	0	2	2	4	3	11
えらい	3	3	1	3	0	1	11
いや	5	1	1	1	1	1	10
だめ	1	3	3	1	1	0	9
悔しい	1	1	3	0	1	3	9
しょうがない	0	1	0	2	4	2	9
すっきり	0	3	0	3	1	2	9
大変	2	1	0	2	2	2	9

ポジティブ感情を喚起した状況では以下、面倒くさい（合計7）、ひどい（合計6）、さみしい（きびしい）（合計5）、つまらない、頑張る（合計4）、嫌い（嫌う）、やさしい、疲れる（合計3）、楽、怒り（怒る）、どうしよう、まあいいや、ごめん、大切、喜ぶ（合計2）が続く。

どのような言い方をされたかといった「音声」は、感情の理解にとって、とても重要です。

「今、どこにいるの」という言葉を文字で読むだけでは、「心配している、探しているのかな」という推測ぐらいしかできませんが、言葉を発した親の気持ちは、実際にはその言い方にこめられています。怒気を含んだ激しい言い方なら「あっ、お母さんは怒っている」、寂しげに震える声ならば、悲しくて必死な思いと推測できます。つまり、言葉の内容だけではなく、言い方、すなわち音声に関わる「パラ言語情報」が、感情の判断に大きく影響しています。

パラ言語情報というのは、口調などの音声的な側面のことを言います。すなわち、言葉の意味的側面とは異なります。大人になると、しばしば、言語的内容は「大嫌い」と言いながらも、声の調子、ストレス、トーンといったパラ言語情報により「実は好意があるのかな」と判断できたりします。

では、子どもはパラ言語情報をいつから感じとっているのでしょう。この点について、最新の研究によれば、小学校3年生になると、多くがパラ言語情報に基づいて判断するようになるという結果が出ています（池田・針生、2018）。そして、学年が上がるにつれて、自分でもパラ言語情報を活用するようになります。実験は、幼児・児童を対象に、言語の内容とパラ言語情報が「一致」する発話刺激と「不一致」な発話刺激を与えて、その気持ちを嬉しい表情と怒っている表情の2つの絵図版で判断してもらうというものでした。すると、小学3年になると、話し手はいつも本当の気持ちをそのまま言葉にするわけではないと理解し始めるということがわかりました。口では「ダメ」と言いながらも親がふざけて許していたり、「上手ね」と言いながら皮肉だったりといったコミュニケーション体験が、パラ言語情報の積み重ねになるからかもしれません。

最近の子育てで指摘されることに、親がスマホを見ながら子どもに注意するという状況があります。「いい加減にしなさい！」と声を荒げながら、親の顔は下を向いていたりします。子どもにきちんと表情を示さないことで、子どもへのメッセージがストレートに矛盾なく伝えられていないかもしれません。一貫しない状況に常におかれた子どもの感情発達に影響が及ぶ懸念があります。感情表現について、言葉の内容だけでなく、表情や声との関連性を調べる研究の深化が、今後ますます必要になるでしょう。

†学校での感情表現と適応感

場面を学校生活に絞って、子どもの感情表現と、学校への適応について関連性を調べた研究があります（利根川、2016）。これは、教室での感情表現に焦点を当て、「喜び、興味、怒り、悲しみ」の4つの気持ちにしぼり、「まったく、たまに、ときどき、いつも」を聞く4件法で評定させた調査です。

その結果、喜びなどのポジティブ感情をたくさん表出している子どもは「信頼されている、受容されている、充実している」という認知度が高く、教室に適応していることが明らかになりました。一方、怒りなどのネガティブな感情の表出が多いほど適応が低いという結果でした。

教師や親からの否定的な反応が、子どもに伝わっているためではないかと考察されています。

また、この研究では個人だけでなく教室全体で見たときにも、ポジティブな感情が多く表出しているクラスでは、全体の適応感が高まることが示されました。つまり、ポジティブな感情はその子個人だけでなく、クラス全体の雰囲気に相関しているということです。一人一人の感情表現をポジティブなものに変えていくためにも、子ども集団のダイナミクスを考える支援の仕方を整えていく必要があります。

ちなみに、わくわくという感情表現は、子どもの頃から生活体験の中で獲得されるものです。プレゼントの包みを開けるとき、初めての体験をするとき、イベントに参加するとき、周囲から「わくわくするね！」と声をかけられることによって、喜びでドキドキするような気持ちが「わくわく」というものなのだ、と認識できるようになるのです。

怖いもの見たさというか未知のもの、想像が少し難しい体験で、必ずネガティブではない成果が得られるような状況を用意し、そこに、わくわくという表現が関連づけられることになれば、平板だった気持ちの中に、わくわくという気持ちを耕すことができるのです。となれば、自然に獲得されるというよりは、周囲にわくわく感の大切さを意識した人たちが存在することが大切に思います。

†気持ちを家族に隠す青年期

小学生から中学生にかけて大きく変化することは、嬉しさ、悲しみ、怒りといった基本的な感情をありのままに表現しなくなることです。特に家族へは、気持ちの開示が少なくなります。基本的な感情表現はすでに幼児期、児童期において獲得しているわけですし、多感な青年期のことですから、いろいろな経験について感情が少なくなるとは考えられません。

つまり青年期は、感じることが少ない、表現できないというのではなく、むしろ様々な感情を抱きつつも、それをありのままに周囲に開示しなくなるということです。大学院生と私が行った調査では、「怒り」や「悲しみ」のようなネガティブな気持ちを、家族に隠すようになります。この傾向は、女子よりも男子の方が強いようです。

怒りの感情表現（図15）については、女子は小学校3、4年生あたり、男子は小学校が5年生頃にピークがきています。興味深いことに、男子は次第に、怒りの感情を出さなくなる様子がわかりますが、女子は比較的どの学年でも表出しています。

悲しみの感情表現（図16）については、男女とも小学校1年生をピークに、少しずつ表出しなくなるのですが、特に男子は中学生になるとかなり我慢していることが推測できます。これ

図15　怒りの感情表現

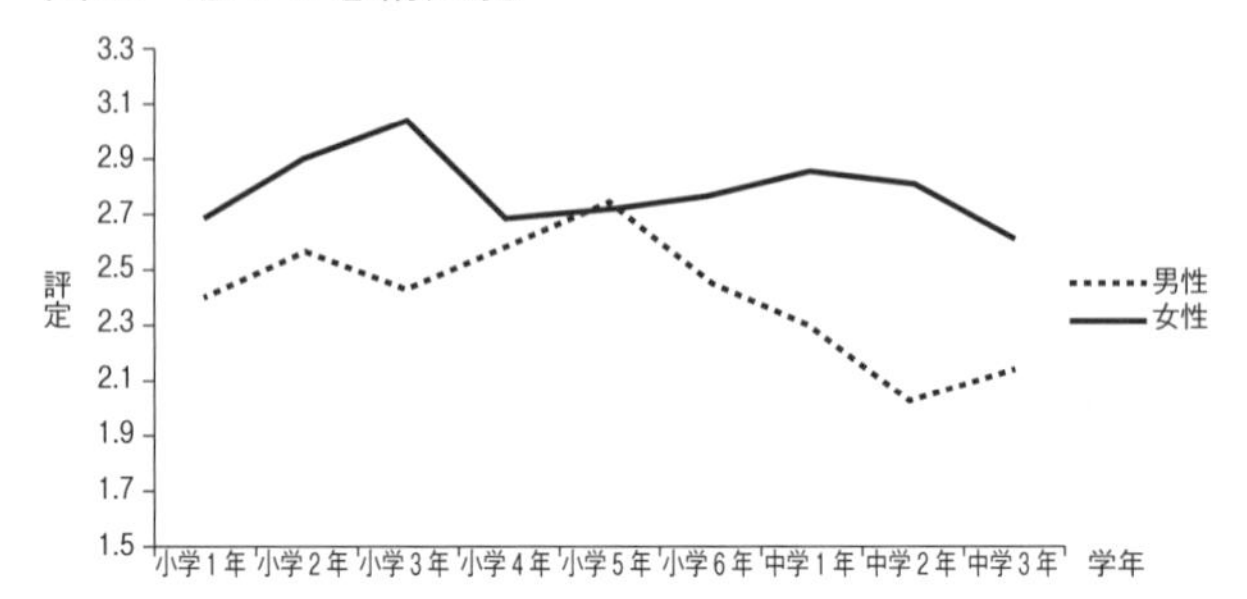

図16　悲しみの感情表現

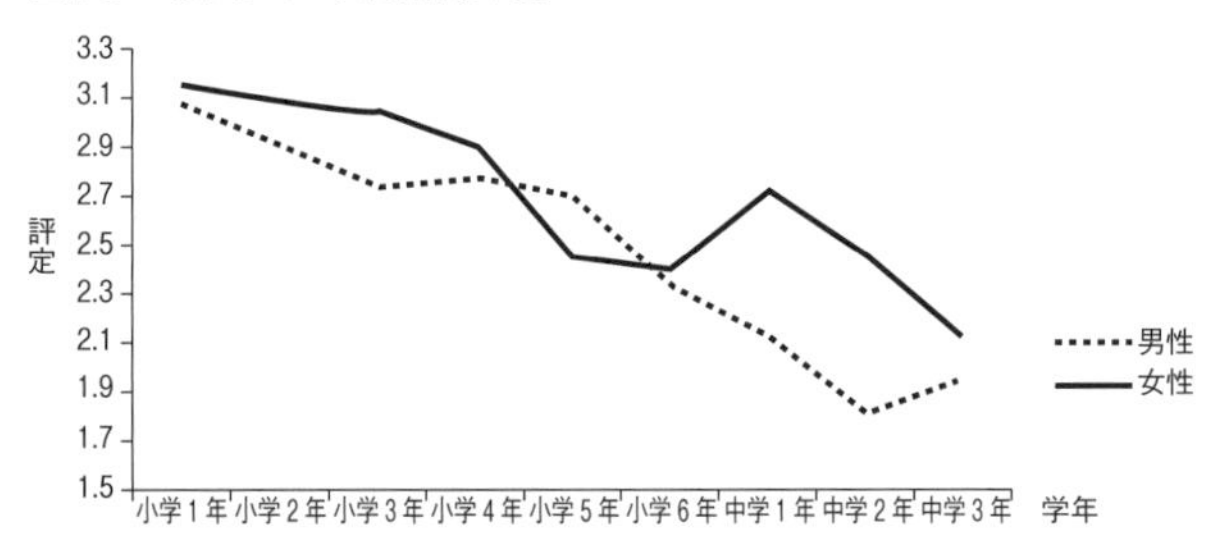

図17　嬉しさの感情表現

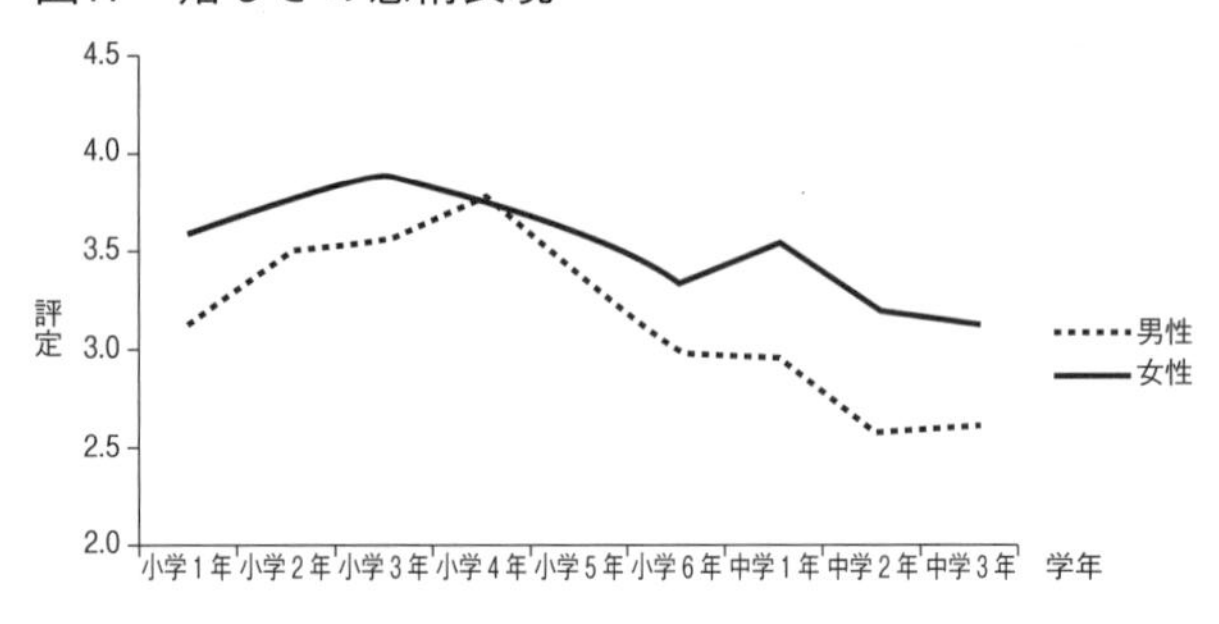

に対して、嬉しさのようなポジティブ感情の表現（図17）も、怒りや悲しみの感情に比べると急激に抑えるわけではないですが、それでも少しずつ表出しなくなる傾向が読みとれます。男子は、いつもブスッとして、家族に表情を示さない姿が思い浮かびます。

†青年期特有の甘えと工夫

青年期は、心の内側に複雑で繊細な気持ちを抱きながらも、身近な家族にさえ、感情をありのままに示さないのはなぜでしょうか。そこには、家族に知られることの恥ずかしさもありますが、気持ちをストレートに出さなくても気づいて欲しいという、青年期特有の甘えというか、親の愛情を確認するという面もありそうです。

青年期は、多様な心理状態なのに、実際に用いられる感情表現は多様というよりは投げやりな印象を受けます。「まじ」「やばい」「へこむ」「めんど（くさ）い」「くそだ」「ガチ」「キモい」といった短い言葉に集約される印象を受けます。どちらかといえば、親しい仲間内だけで盛り上がりたく、少し悪ぶることで、仲間意識を高めようとする傾向があります。また、怒りを「（激）おこ」「プンプン（丸）」「私（俺）的には〜ありかも」といった、ストレートな感情表現を弱める言い方があります。これらの言い換えは若者特有のアイデアで、対立を緩和させるための工夫とも言えます。

いつの時代においても、若者特有の省略化や言葉の品位のなさ、敬語を使わないこと、精度の低い言葉遣いの背景には、戸惑い、迷い、不安、どこにぶつけて良いかわからない怒りといった、ガラス細工のような壊れやすい感情の動きが隠されています。

青年期は児童期以前に比較して、大人への階段を登り始める大きな成長をしている反面、どこかで階段を踏みはずしたり、停滞してしまいかねない未熟さがあるのです。

実は、青年期には一時的に2つの自己中心性があると言われています。一つは、「想像上の観衆」といわれ、顔にニキビが一つできても、みんなが見て笑っているように思うような心情です。13歳から15歳で強く見られます。二つ目は、「個人的寓話」です。自分の存在や考えが、特別で、独創的だと思い込みます。ですから、たとえば失恋したときに、この苦しさは世界で誰も感じたことのないことが起きていると考えがちです。こうした一過性の自己中心性の強まりは、他人との関わりを重ねるにつれ薄らいでいきます。

†過剰適応による息切れ

小学校の「良い子」をそのまま中学時代、高校時代に継続させる子どももいます。そのなかには、「過剰適応」とよばれる子どもたちがいます。過剰適応とは、まじめでなにごとも頑張り、几帳面にやろうとする性格的な特徴のことをいいます。自分の本心をなかなか言えず、頼まれると断れないようなところがあります。

他人の気持ちが敏感によくわかってしまい、自分に期待されることを感じとって従わねばならないと思い込みます。「友達が顔を曇らせたのは、きっと私にこうして欲しいんだろう、それじゃあ、大変だけどやってあげなきゃ……」といった感じです。

思いやりのある人は、多かれ少なかれこうした傾向がありますが、こうした態度があまりにも強すぎると心理的な問題を生じる危険性があります。思いやりでなく一方的な思い込みだったり、そこから被害者意識が芽生えるかもしれないからです。過剰適応は、適応というよりは、むしろ不適応になる危険性があります。

友達と仲良くしなければいけない、間違いをおかしてはならないという呪縛から解放されなくてはなりません。失敗から学んでいけばいいとか、そもそも違う人間だから仲良くすることは難しい、と考え方を変えていく必要があるでしょう。

†「社会化」途上の不安やストレス

幼児期から児童期にかけて、子どもは集団生活に入り、他の人たちとどうやれば仲良く過ごせるのか、さまざまなソーシャルスキルを学びます。いざこざや、けんかなどの経験を多少は乗り越えて、依頼したり断ったり、他人や自分の怒りをなだめたりすかしたり、悲しい経験から気分転換したりするコツを身につけて、友達とうまくやっていくようになるものです。これは「社会化」と呼ばれます。

そもそも児童期は、どちらかといえば、親や友達、先生にほめられ評価されることが励みになり、より良い子になろうと頑張れる時期でした。しかし、青年期になると、自分の内面に意識が向くようになり、今まで疑念を抱かなかったことがあれこれと気になり始めます。みんなで仲良くしたいと思っていたはずなのに、仲良くしたくないという気持ちが頭をもたげたりするのはなぜだろうか。なんでも頑張ろうと思っていたのに、面倒になったり投げ出したくなるのはどうしてなんだ、と自身を問い詰め、自分はだめだと思うようになったりしはじめるのです。

素直でいることや、頑張ることを続けることが苦しくなり、人に見せられないだけに自分のなかに溜め込んでストレスを増大させてしまうわけです。こうしたことは異常でも特別なことでもなく、この時期、誰もが感じやすい気持ちであることを前もって伝えてあげることも安心させることにつながるかもしれません。

青年期は児童期に比較して、親の言葉を全面的に聴き従う態度から、次第に友達を重要な他者として考えはじめます。「重要な他者」の変化と考えられます。自分で考えなければならないことが増え、その分だけ自立を求められます。第二次性徴といったホルモン変化の影響も生理的に受けますから、誰でもある程度、心理的な混乱状態を体験することになります。

†困った行動をする子に共通する自尊心の低さ

もちろん、青年期に誰もが危機的というほど不安定になるわけではありませんが、感受性が鋭いと深刻になる場合もあります。

まず、個人差として現れやすい感情の一つとして、自尊感情があります。よく言われる自尊心には、2種類あると指摘されています（藤元・吉良、2014）。外の世界の評価に影響を受け、ほめられるか高く評価されるかから得られる自尊心を「随伴性自尊感情」といいます。承認されることによって自分はイケテルと思うことができます。そのため、承認されない、ほめられないと、すぐに自尊心がぐらついてしまいます。

これに対して、本当の自尊感情、「本来感」と呼ばれる自尊心は、外の基準とは関係がありません。ですから、自分らしくいられることだけで満足感を得ることができます。

近年、親との親密性が高い子どもは、親にほめられることによる自尊心が強いようです。勉強ができたとき、スポーツができたとき、あるいは、友達がいたときにほめられることでのみ満足感を得ている場合があります。そういう場合は、外からのそうしたポジティブな刺激がないと、すぐにだめな自信のない自分になってしまいます。

それでは、人から影響を受けない本来感とは、どのようなものでしょうか。一つは、自分がどんな人間なのかを受け止めて気づけているか、自分の価値観を持っているか、という視点です。二つ目は、自分の嫌なところも逃げないで対峙できているかということです。自分が何をやろうとしているのかがわかっており、それが達成できたときに喜べるアイデンティティを確立できているかどうかということと関連します。

過剰適応の子どもと、非行やひきこもりなど適応できていない子ども、両者の行動そのものはかなり異なりますが、多くの研究から指摘されているのは、共通して自尊心が低いことです。(都筑、2005/加藤他、2013)。

自尊心が低下する原因としては、特に、青年期は身体意識が少なからず絡んでいます。第二次性徴をむかえ、容姿やボディイメージが気になり、人と比べて強い劣等感を抱きやすいのです。自意識過剰傾向があり、自分の嫌な部分を許せなくなります。誰もが自分の口臭を嫌がっているとか、ニキビを見ているといった認知のゆがみに向かいがちです。

またこの時期は、抽象的な事柄を考え出すようになるため、自分の将来のことや、友達関係のこと、親や教師など大人との関係について考えをめぐらせるようになります。その際にも、身体意識からの自信喪失などの影響を受けます。仲間内の話題やメディアにも、容姿や身体に絡んだことが少なくなく、思慮の浅い言葉に傷ついてしまうこともありがちです。

さらには、自尊心を常に「とてもよい（very good）」でなければならないという完璧さを強迫的にとらえていることが多いようです。しかし、本当の自尊心は「こんなもんだ（good enough）」といったとらえ方が適当なようです。自分の長所も短所もひっくるめて、これが私といった受容が望ましいのです。

†羞恥心と屈辱感

青年期に起きてくる問題の中に、赤面恐怖や視線恐怖などがあります。こうした問題行動が生じてくる背景として、「羞恥の感情」があります。幼児期においても、羞恥心は獲得されますが、青年期は、その質が異なり一段と強くなるのです。

青年期の羞恥心と一口にいっても、心理研究から考えると、失敗などの劣等感からくるもの、異性に対する感情、対人関係による緊張に伴うもの、また自己内省からくるものに大きく分かれます（安田、2004）。この背景にあるのは、自分と他人という違いを強く意識し、他人から見られる自分を過度に意識しすぎることです。自分のかっこ悪さを許せないといった感情を持ちやすいのです。

でもよく考えれば、青年期の羞恥心は、豊かな感受性と道徳的、社会的な価値観を強く内在化しており、内省することができるということです。こうした傾向が、客観性を保てず過度になるため、様々な心理的危機が生じたということです。

この羞恥心と類似した感情に「屈辱感」があります。屈辱感は、不当に自分を貶められ、嘲笑われ、けなされたと認識したときに強く感じる不快な感情です。羞恥心と共通しているのは、自己防衛的であったり、傷つきやすかったりするところですが、他者に焦点を当てる屈辱感には、強い不公平感や、復讐の気持ちが見られます（沼田他、2018）。屈辱感は、攻撃性と関わりがあるのです。

屈辱的な経験が多く重ねられ、他者から低く見られることへの懸念が高い人は、将来に適度な期待を抱くのが難しいと言われています。また、女子の方が、男子よりも屈辱感が高く、他者から馬鹿にされたり自己を低く見られたことへのショックの度合いが強いことが推測されます。同じような場面に遭遇することへの心配も強いようです。

†他人との比較から生まれる悪意の正体

自尊心の低さや羞恥心と同様、屈辱感の背景にも、他人と自分を比較する気持ちが強まることがあります。いつも自分と他人を、どちらが上か下かといった比較で考えがちなのです。たとえば、図18をご覧ください。

友達が自分よりも良い点をとったとします。自分が負けたら嫌な気持ちになります（上方比較）。それが強いと「恥」の気持ちになります（自分にとって望ましくない）。高い得点をとって喜ぶ友達（相手にとって望ましい）を見て、鼻について仕方がない場合は、「恨み」を抱くことになり、恥と恨みが混じり合うと「妬ましい」気持ちになります。自分の気持ちに関心が強く（恥）、相手の行動が望ましくない（恨み）ことから、新たな感情（妬み）が生まれることになったわけです。逆に、相手に焦点を当てて、相手にとっての良いこと（上方比較）を「すご

図18　社会的比較に基づく感情の種類

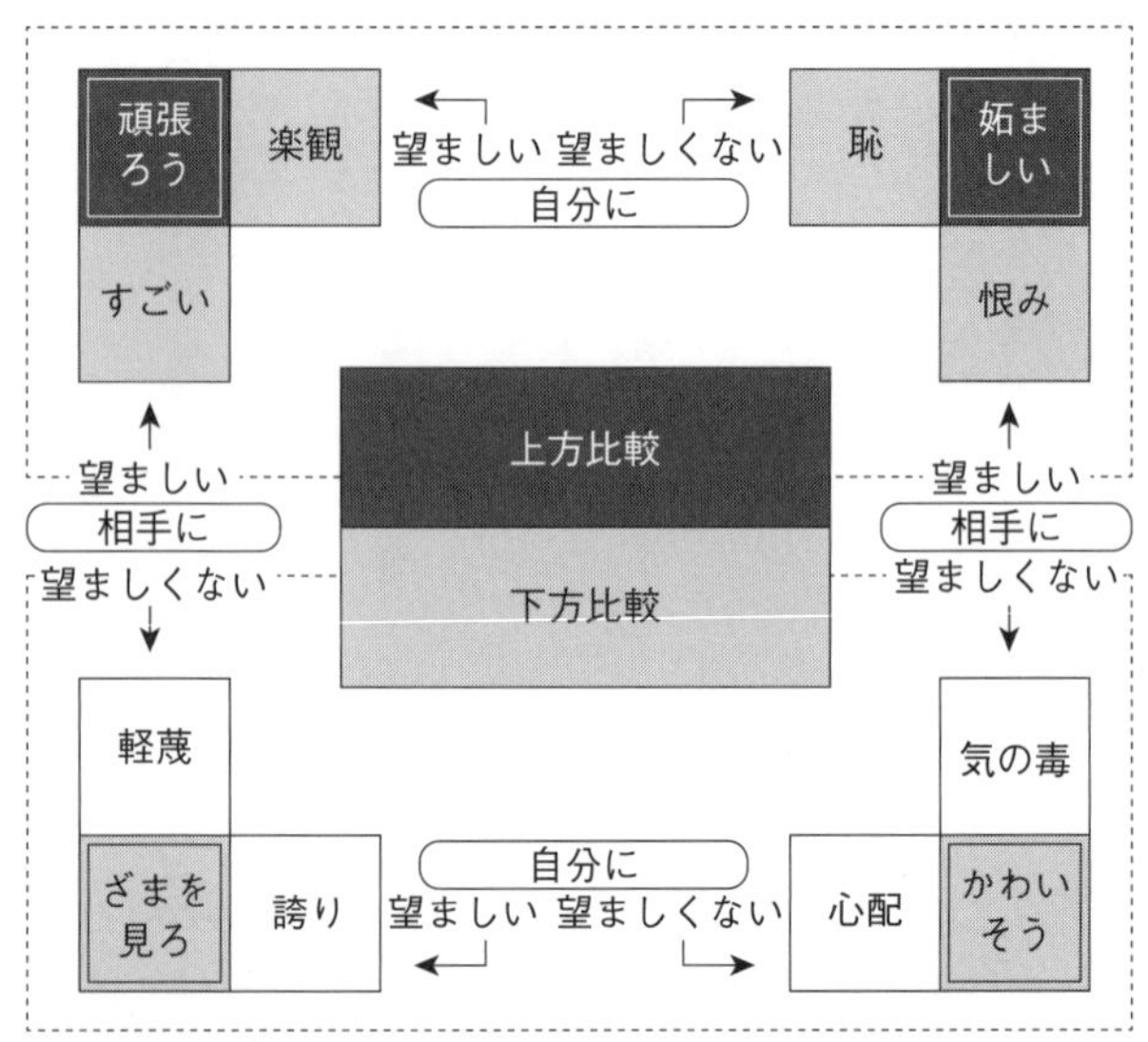

（澤田, 2017）より作図

い」と思い、自分にとっても喜ばしいと「楽観」視するならば、自分も「頑張ろう」と、自分の力になります（澤田、2017）。

この研究は、妬みの感情だけでなく、「シャーデンフロイデ」の感情についても調査しています。シャーデンフロイデとは、いい気味だ、とかざまみろと表現される気持ちのことです。他人が不幸に見舞われたのを知ったときに、少なからず喜んでしまうという、他人の不幸は蜜の味と呼ばれている体験のことです。他人に悪意を抱かないと思っている人でも、いい加減なことばかりしている有名人がバチに当たったかのような事態にあることを知ったときに、少なからずシャーデンフロイデの体験をしているのではないでしょうか。

こうした悪意は、妬みの感情によって影響されているのではないかと想定した研究がありま す。その結果、すでに小学生の段階から、妬みの感情がシャーデンフロイデの体験を引き出すことが報告されています（澤田、２００３）。もちろん大学生を対象とした調査でも同様の結果が得られています。

妬みの感情がシャーデンフロイデを喚起すると言っても、自尊心が高い人は妬みの感情が低いのに対して、自尊心が低い人は妬みの感情が高いことも明らかにされています。

†後悔という感情

「後悔」という感情があります。これは「現在の結果と、もしかしたらあり得たと思われる結果の比較によって生じるネガティブな感情」と定義されます（Zeelenberg & Pieters, 2006）。

後悔は過去の経験を教訓として、将来は失敗をしないようにし、良い意思決定を導くようにしむけるという機能的側面があります。「後悔の経験・予期・利用に関わる能力の発達的変化」を児童期・青年期で調べた研究の、小学校高学年から中学生にかけて全員が、後悔する能力を持っているという報告は、児童期中期においてすでに後悔を経験するという先行研究（Guttentag & Ferrell, 2008）と一致する結果です。

どの調査でも、後悔の認知は、中学生のほうが小学生よりもより強く経験していることが示されています。後悔という感情的な反応は児童期から芽生えますが、認知的な評価には時間がかかり、青年期までに発達するのではないかと考えられます。

後悔するだろうな、と予期することについても、中学生のほうが小学生よりも強いことが示されています。すなわち、後悔や安心などの感情を予期する能力が、認知的に評価する能力と同様、青年期初期に発達するからなのでしょう。

†感謝の研究

羞恥心、屈辱感、恥、恨み、妬み、後悔など、ネガティブな気持ちとは逆に、青年期にはポジティブな感情として「感謝」の心が現れてきます。

中学生くらいには、母親に対して感謝の気持ちはあるものの、同時に依存心が強く、生活の中では何かと要求することが多々あります。それが、高校生になると、そうした要求や、親に負担をかけていることへの負い目を感じるようになります。「すまない」という気持ちを持つようになり、葛藤すると考えられます。大学生にまでなると、母親に対して自責的になることも、過度な要求をすることもなく、素朴に感謝を抱くようになります。

感謝についての研究によれば、大人になりきれないことや、親に対する不満、親からの愛情への疑問などが、親への感謝を阻害する心理的要因となるという指摘があります（池田、2010）。個人として生きることと、社会とのつながりの双方がバランスよく発達すると、「負債感」を強く体験せずに親への感謝を抱けるようになると示唆しています。

親が年をとり衰えていくことなど、「老い」というものを認知できるようになると、親への感謝を体験しやすくなることも報告しています。中学生から大学生を対象とした研究では、約半数が親への感謝を素直に抱けないと回答していました。母親への感謝は望ましいものと認識される一方で、親からの分離や自立を模索する思春期から青年期には、母親に対して複雑な感情や葛藤が伴いやすいと考えられます。

†美的情操の発達

感情と比較的近いものに「情操」があります。美的情操は、現代の子どもたちにもっと経験してほしい気持ちです。特に、自然や芸術作品の美的価値から生まれる複合的感情を「美的情操」としてとらえ、発達的に考察した調査があります（星野、1969）。

美的情操は、「悲しい、寂しい、楽しい」といった感情表現とは違い、「のどかな、雄大な、可愛い、上品な」というように対象から少し距離をとって評価するものと考えられますが、いわゆる私たちの持つ感情と深いつながりがあります。美的情操の発達を知ることは、感情の発達の参考になります。

この研究では、中学生と高校生、大学生を対象に、たとえば「鯉がしぶきをあげて急流をさかのぼっていくようすや、鯉のぼりが五月の青空に泳ぐ姿は、おもっただけでも（　　）感じがする」の空欄（　　）を自由回答させるというものでした。

その結果、表現量は、中学1年生から高校3年生まで、ずっと直線的に増加していき、特に、中学3年から高校1年、高校3年から大学生にかけて急激に表現量が増加していることがわかりました。表現の多様性は、高校1年生から2年生にかけて発達が著しく、女子が男子に優っていることも明らかにされています。

個別の情操の発達傾向を表現量から見ると、日本的な風雅、さび、わびの発達が、どの学年も不十分であると指摘されました。その上で、のどかな、雄大な、爽快なという表現は、男女ともに青年期において獲得されていくことがわかりました。男子に比べて、女子は慈しみ、かわいいなど特有の感情を強く持つことや、面白い、賑やかといった情操は早くから獲得され、あまり変化のないことも明らかになっています。こうした美的な情操はもっと現代の子どもたちに経験してほしいものです。

†中年期の幸福感

中年期の幸福感についての研究は、思ったほどまだ多くはありません。一口に、中年と言ってもその人生のバリエーションは多様であり、仕事や家事、育児に忙しく、研究対象として難しいという状況があります。性差はもちろん、家庭（既婚か未婚か、子どもがいるかどうか、親や子と同居しているか、家族の健康状況など）によっても心理が大きく違うことは、調査をしなくても想像できます。ですから、中年期については、総論的なことを紹介するに留めます。

中年女性が、両親に対してどのような感情を持っているかどうかが、幸福感に及ぼす影響を調べた研究があります（小野寺、2011）。中年の女性が親に持つ感情は、一般的に親が健在のときには「鬱陶（うっとう）しい」などと否定的なことが多いのですが、そんな親が亡くなると実は肯定的であったことに気づく場合があります。中年に達しても、心の拠り所としていたことが自覚されるのです。

したがって、一人前の大人になっていても自分に干渉してくる親に鬱陶しさを感じる反面、自分のことをわかってほしいという感情も入り混じっていることが推察されます。独立した生活をしていても、価値観がある程度一致していると母親への肯定的な感情が高まり、それが幸福感にもつながるようです。つまり、いくつになっても親の影響が強いことが明らかになりました。

他方、大半の男性は現役時代をサラリーマンとして送ります。就業経験はストレスという否定的な側面であると同時に、頑張ってやってきたという自尊心の源泉でもあります。したがって、高齢期においても、過去の積極的な自分を思い起こすことは、生きがいにつながる大事な経験としてとらえられます。仕事をやりとげたという充実感が、老後のアイデンティティを支えている要因の一つになると思われます。

男性の老後は、それまでの就業経験で得たソーシャルスキルや管理能力など、直接的に老後の活動に生かされる場合もありますが、興味深いことに、反面教師として作用する可能性もあるようです。つまり、仕事の上でかなりストレスフルな経験をしてきた人の中には、リタイアによってストレスから解放され、それまでの仕事とは異なる人生を送るチャンスに恵まれることが、生きがいと結びつく場合があるのです。

中年男性は、就業経験をどのようにとらえていたかによってその後の生活の選択が異なり、生きがいにも影響してくるわけです。制約からの解放を望む人は、人との交流に適度な距離をおいて、居心地のよさを求めますし、中年期の活躍をそのまま続けたい人は、さらに積極的な生き方を追求する姿勢と結びつきます（根岸・杉澤、２０１２）。

†変化する社会と中高年心理

感情は年齢とともに質的に、また量的に変わっていくものなのでしょうか。カール・G・ユングは、人の一生を太陽の変化にたとえました。つまり中年期とは人生の後半へと向かうその折り返しの時期だと考えたわけです。

これまで感情研究は青年期までのものがほとんどでした。近年は、生涯発達の視点から発達研究がなされるようになってきていますが、依然として成人期以降の感情研究は少ないように思います。

精神分析家エリク・H・エリクソン（１９６８）のライフサイクル理論は、人生を8つの発達段階で描き（図19）、それぞれに応じた解決すべき心理的課題があるとして、中高年世代についても説明しました。この理論は精神分析をもとにしていますが、社会的危機に焦点を当て

図19　エリクソンのライフサイクル理論

発達段階	課題と危機	獲得	備考
1）乳児期（0歳-2歳）	信頼／不信	希望	母親の無条件の愛⇒自己への信頼へ
2）幼児期（3歳-4歳）	自律性／恥、疑惑	意思	「親」の内在化⇒失敗：恥、疑念へ
3）遊戯期（5歳-7歳）	自発性／罪悪感	目的	衝突による敗北感や罪悪感を受ける
4）学童期（8歳-12歳）	勤勉性／劣等感	有能感	
5）青年期（13歳-22歳）	自我同一性／拡散	忠誠性	
6）前成人期（23歳-34歳）	親密性／孤独	愛	自分と他者の同一性の共存、融合
7）成人期（35歳-60歳）	次世代育成能力（生殖性）／停滞	世話	Generativity（ジェネラティビティ）
8）老年期（61歳- ）	統合性／絶望	英知	

て個人と社会の関係性において対立するような命題をかかげ、課題を乗り越えることで獲得するべきものが挙げられています。

ライフサイクル理論による中年期（成人期、35歳～60歳）の課題は、「次世代育成能力（生殖性）／停滞性」です。この時期は、親や指導者となることを受け入れる時期です。次の世代を育てるための指導などを通じて社会を前進させて行こうとします。しかし一方で、次世代の育成に関心が持てなかったり、本人のやる気が低下してしまうことがあります。この両方の気持ちを抱えながらもバランスを取り乗り越えようとしていきます。またこの年齢期は、人生を振り返り、アイデンティティを問い直す時期でもあります。

続く老年期は、「統合性／絶望」です。統合性とは、残された未来を生き抜く英知の感覚の統合を行い、今現在に生きている世代の中に、人生の肯定的な部分も否定的な部分もまとめて、自分を受け入れるということです。逆に、絶望は、身体的にも心理的にも追い詰められ、なすすべもなく途方に暮れてしまう状態です。

ただし、このライフサイクル理論は、平均寿命がまだいまほど延びていない時代に考えられたものなので、高齢者が長老として敬意を払われ、選ばれた存在として振る舞えた時代でした。高齢者が少数ではなくなった現代の状況は違ってきています。

共同研究者で妻のジョアン・M・エリクソンはその後、8つの発達段階に一つ加えた第9段階まで想定し、「老年期超越」という考えを提唱しました。第9段階では、ものごとをメタ的に見られるようになり、神秘的、超越的な視点への移行があると考えました。自分を超越するような存在と「つながる感覚」のなかで、生きること、死ぬことの意味を再定義しようとする時期に入るのではないかと説明しています。

†高齢者の幸福感情

日本人の平均寿命は年ごとに伸びています。厚労省「簡易生命表」(2017年)によると、男性81・09歳、女性87・26歳で、65歳以上の割合が年々増加し、高齢化社会になっているのです。ただし、日常生活を自立しておくれる健康寿命と平均寿命との差には大きな開きがあります。こうなると、漠然とした不安が大きくなりそうです。

70代から100歳以上の高齢者1500人以上に行われた聞取り調査では、「今の生活に不満はないか」など75項目の質問に回答してもらっています。意外にも、80歳を境にして、身体機能の衰えが目立つ半面、今の生活を積極的に受け入れるポジティブ感情が強くなっていくというデータがあります(権藤・古名・小林、2005)。

生きていること自体や、万物に感謝の念を抱く境地に至ることを、「スピリチュアル・ウェルビーイング」として考える動きもあります。ウェルビーイングとは「幸福」と翻訳されることも多い言葉です。世界保健機関(WHO)憲章の草案の中に、「健康とは、病気でないとか、弱っていないということではなく、肉体的にも、精神的にも、そして社会的にも、すべてが満たされた状態(well-being)である」と唱っています。

スピリチュアル・ウェルビーイングは、神的な存在、自分、地域といった環境のなかで人生を肯定していくことであり、たとえ苦しいことがあっても、それを肯定的に意味づけする特性があるといいます（岡本、2013）。1971年にアメリカのホワイトハウスでの会議で、高齢者を理解し支援するために、本来備わっている超自然的かつ非物質的な領域の重要性が示唆されたといいます。

高齢者にかかわらず、ウェルビーイングを維持し高めるには、社会情動的選択性理論が注目されています。人は、人生の残り時間が限られてきたと感じると、肯定的感情を高める行動をするようになる、というのが社会情動的選択性理論です。

また、感情の調整能力が成熟すると、ポジティブな感情が優位になります。否定的な感情を伴う情報よりも、肯定的な情報に注意を向け、よりよく記憶する傾向になるという指摘もあります。人生を振り返ると、自分の記憶を肯定的に評価し、肯定的感情が高まるようです。ただし、心身の衰えや健康問題があると、この機能は必ずしも発揮されない場合があると考えられます。

これと関係した言葉にサクセスフル・エイジング（幸福な老い）という言葉もあります。長寿国日本としては、「理想的に老いる」とはどういうことなのか、国家全体で考える時期が到来しているかもしれません。誰もが年を取り、命がどこかで尽きるわけですから、それまではできれば、わくわくした生活を送りたいものです。

†高齢者は孤独か

若い世代には、年齢を重ね老いていくことを「孤独」というイメージと重ねる人は少なくないでしょう（西村・平澤、2009）。メディアがときに取り上げる老々介護や孤独死も、若者に影響を与えていると考えられます。核家族化、未婚の単身世帯化が進み、独り暮らしの高齢者が多くなっています。「社会保障・人口問題基本調査」（2012年）では、独り暮らしの高齢者のうち約13%の人が、会話する頻度が週に1回以下であると報告されています。

けれど一方で、高齢者の孤独感は、他の世代と同程度であったり、むしろ低いと報告しているデータがいくつもあります。一人で住んでいるから孤独感が強いというわけでは必ずしもないという興味深い研究もあります（工藤・長田・下村、1984／長田他、1989）。

実際、長年にわたる友人や親族との別れ、仕事の退職、健康の喪失、病との戦いなど、高齢になるほど、そうした場面に直面することは少なくありません。そんな高齢者が孤独感から解放されるには、家族関係を問い直す「個」としての主体的な視点が必要です。つまり、仕事や子育てから解放される高齢者は、自分で新たな役割を見つけて、家族、親族、近所の人たちにとって必要な存在として自身を位置づけることができるかが、重要な課題となるのです（安達、2003）。

そのために、高齢者にはまず家族との接し方が問われます。子どもたちと結びつこうとする態度（親近性）と、対等でありたいという態度と、世代間の溝を認識する態度、そういった異なる態度が同時にありますが、それら3つの態度を調和的に成立させながら自律して生きることが求められるのです。

したがって、高齢者においては、個としての自分の環境を確保し、周囲に過度に依存せず、また自分の殻に閉じこもったりせず、自分で自分の生活や人生のあり方について主体的に検討し、行動に移すことが、自尊心を高めポジティブに生きることを可能にします。

子どもや家族においては、「老人はこうあるべき」といったステレオタイプや、老いに対する不十分な知識で否定的な高齢者像を作り上げて関わることは、避けなくてはなりません。個としての高齢者の生活の実現を阻むものとなり、孤独感を増長し、自尊心を低下させるものになるからです。

†むなしさという感情

日々の生活を営む上で、空虚、無常とならんで語られる言葉に、「むなしさ」があります（大上、2015／2017）。むなしさは、無目的・無気力感、孤独感、否定的自己感の3つに分かれると報告されています（堤、1994）。物理的な豊かさが満たされながらも、どこか頑張れない、生きる意味を見出せない、無気力、疲労感のような感情です。この調査は、大学生を対象に実施されていることから、人生の時間的な制限を感じる可能性が高い高齢者にとっては、もっとも強い感情かもしれません。

65〜74歳の前期高齢者にさしかかると、定年退職という解放感とともに、仕事をしなくなることに、まだ価値観が定まらない状況におかれます。家族との関係も代わり、役割の変化を受け止める必要が出てきます。同時に、身体的な衰えや、会社を離れたことによる社会的な弱さを感じることもあるでしょう。そうした「むなしさ」はどのように受け止められているのでしょうか。

高齢者は老いや喪失を受け入れなければならない苛立ちや不安と同時に、過去の後悔や悔恨と向き合うことになり、総じて混乱や混沌を体験するという指摘があります（高見、2010）。

この研究は、むなしさを感じる状況を、8つの場面（趣味、友人関係、お金がなくなること、家族の成長・変化、家族との不和、退職、仕事場面、老いの実感など生理的要因）にわけて調査しましたが、それらを集約して、〈生き甲斐の探索〉〈親子関係の変化〉〈社会・制約の中での立ち振る舞い〉の3つにまとめました。

生き甲斐の探索とは、時間があるので何かやることを自分で決めなければという思いにかられることです。満足できるものが見つかるとわくわくしますが、何も見つからなかったり、せっかく見つけても辞めたくなると、自分を責めることになります。

この年齢期にありがちな親子関係の変化といっても、子どもの成長や巣立ちの機会を向かえつつもすぐに終了するわけではありません。思い通りにいかない、子どもの辛さに気づけなかったなど自責の念が湧きます。そして、自分は家族の脇役であるという思いが高まったり、問題が解決しなかったり、関係が切れなかったりして、悪循環に陥ることが考えられます。

社会や制度の中での立ち振る舞いでは、社会の変化を感じてもそれを自分は変えられず翻弄されていると思って身を引くことを考えますが、社会と関わりがなくなることにむなしさを覚えます。

これらに共通するプロセスは、老いを実感するなかで、主導権がもてないことや役に立たないことに負い目を感じ、それがむなしさにつながっていくことです。

60歳代ではまだ、身体機能や社会的役割を維持している人が多いので、むなしさの調査において記述されることは、日々の仕事や活動の失敗体験などからが多いという指摘があります。しかし70歳代になると、就労の割合が減り社会的役割を喪失することや、身体機能の衰えなどから、むなしさととらえる人の割合が増えます（大上、2017）。かつて存在したもの（身体機能や社会的役割）がなくなることへの喪失感です。また、自分を含めて、身近な人の死などについて考える機会が増えることがわかります。

†痴呆性高齢者の感情

平均寿命が延びるにつれて、痴呆性の疾患を持つ高齢者が増加しています。記憶障害や、見当識障害（認識力が下がり、症状が進むと昼夜の区別や通いなれた道も不案内になる障害）など、判断力が落ちるようになり、自分がどういう状況にあるかを言葉で伝えることが難しくなります。そのため、介護する側にとっても、利用者の気持ちが十分わからないまま支援するために、不満をぶつけられることが少なくなく、負担感が増します。意思疎通がはかれないことをきっかけに、生活環境が適切な状態になっていないことについて見逃しがちにもなります。結果として、質の低い介護しかできないということになってしまいます。

日々の生活に「わくわく感」が大切なように、介護においても「する側される側」ともに、わくわく感による刺激が介護の質を上げると思います。そのためには高齢者の感情を知らなくてはいけませんが、言葉に頼らない方法で理解しようという取組みがあります。

エクマンらが開発した顔の表情から感情を評価するシステムが使われたり、肯定的及び否定的感情の6項目について対象の表情や身体の動きなどを直接観察する「フィラデルフィア・ジェリアトリックセンター・アフェクトレーティング・スケール（Philadelphia Geriatric Center Affect Rating Scale）」という表情分析評価法を用いて、生活の質を評価することが検討されています。あるいは、「エモーショナルレスポンス・イン・ケア・フォーム（Emotional Responses in Care form）」というオーストラリア政府公認のツールを用いようという提案もあります。また、高齢者の表情だけでなく、椅子をゆらすロッキングや、スプーンを口にするサッキングの様子を十分に観察するなどして、ケアの改善につなげようとしている取組みもあります。

わが国では、痴呆性の問題を持つ高齢者に対して「感情の面」から評価する取組みはまだ不十分ですが、88歳の女性を対象にした事例研究があります（白井他、２００３）。ここでは、ビデオカメラによる直接観察法が用いられました。10時間を2時間ごとに5つのセッションに区切って、各セッション10分間の撮影がされました。2台のカメラが使用され、1台は表情をよくとらえられるよう、もう1台は、他者との相互作用をとらえられるよう設置されました。

その結果、行動をうながすための直接的な声がけよりも、むしろそれ以前の、会話のための言葉がけや接し方のほうが、高齢者の状態を良くすることがわかりました。援助者が視線を投げかける、注意を向けるのが重要だということです。音楽を聴いたり、座る時間に配慮するなど物理的な環境に配慮することも、高齢者の肯定的な感情と関連するようです。それらが痴呆性の問題がある高齢者の喜びとつながっていることが示唆されました。

こうして見てくると、日本の研究は介護の感情面を正面から研究したものではありませんが、言葉がけや音楽を聴くことなどから、どの年齢の人に対しても、わくわく感を与え、あるいはかつて経験したであろうわくわく感を思い出してもらうことは可能だと思います。そのために周囲の介護者自身が生きがいを感じられる環境を整える必要があるでしょう。

第三章

道徳感情の芽生えと成長

†内省で生じる感情

泣くから悲しいというジェームズ＝ランゲ説を唱えたウィリアム・ジェームズは、身体反応の変化が大きく、あとで認識される感情と、身体反応は顕著でないものの、私たちの道徳性や行動に大きな影響を与えている感情という2種類の存在を指摘していました。

後者の感情は、人間の道徳に関わり、礼儀やマナーの基本となり、社会生活に大きな働きをすると考えられています。たとえば、席を譲りたかったのに言い出せなかったときや、同じ災害に出くわしたのに自分だけ被害が少なかったときの罪悪感（サバイバーギルト）、大人気ない態度をとってしまったときの恥ずかしさなどが、まさにそれです。

なんらかの事柄に対して反射的に生じた感情ばかりでなく、私たちには、内省した結果生じてきた気持ちが存在しています。ここには、罪悪感や恥だけでなく、感謝、同情、恨み、妬み、ルサンチマン（主に弱者が強者に対して、憤り・怨恨・憎悪・非難の感情を持つこと。「こじらせた負け惜しみ」の気持ち）、シャーデンフロイデ（「他人の不幸は蜜の味」など、ざまあみろの気持ち）、など、かなり広範囲の感情が想定されます。こうした道徳に関わる感情は、道徳判断の基準や道徳的行動に大きく影響すると思われます。

発達心理学の領域では、道徳性のとらえ方には、３つの大きな理論の流れがありました。１つは罪悪感などの情緒や感情に焦点を当てたフロイトの「精神分析理論」、２つ目は、行動に注目するバンデューラの「社会的学習理論」、そして善悪の規範など認知面に焦点を当てたコールバーグやピアジェの「認知発達理論」が３つ目です。学校の道徳授業で、具体的に子どもたちの何を育てたいか、という狙いを考えるときに、こうした理論の違いが鮮明になります。

道徳の目的は感情か行動か、それとも判断か？

学校の道徳授業では、たとえば優先座席の前に立っている高齢者に対して、同情や共感の気持ちを持つことを目指しているのか（道徳感情を重視）、それとも気持ちはどうであれ、すぐに立って座席を譲る行動ができるようにしたいのか（道徳的行動を重視）、あるいは高齢の方に席を変わるべきだという規範意識を強く持つことをねらいとするのか（道徳的判断を重視）、によって、自ずと教え方に違いがでます。

もちろん「道徳的」というからには、すべての側面が求められるわけですが、従来の道徳の授業は、どちらかといえば規範意識を強めることばかりに終始して偏っていたように思います。実際のところ、子どもたちは、「いじめは良くない」ことは頭ではわかっている場合がほとんどです。ところが、実際にはいじめに加わる子どもたちが少なくないのですから、規範を知っているだけではダメなわけです。

ところが、いじめは良くないという規範意識を持っていても、いじめという悪い行動をとってしまう原因の一つは、「悔しさ」「嫉妬」「みんなから一目置かれたい」など、感情の部分の弱さゆえです。同時に、規範意識に比べて、慈悲、感謝、罪悪感、恥、崇高さ、といった道徳的感情が育っていないとも考えられます。

赤信号なのに急いで渡ってしまったときの罪悪感、うっかり忘れたものを届けてくれた人がいることを知ったときの感謝の気持ち、『レ・ミゼラブル』に登場するミリエル司教の慈悲など、ただ「悲しい」とか「怒った」という以上の気持ちをしみじみと感じることが、本来人間にはできるはずです。

こうした道徳的な感情は、ただ感じるだけではなく、次は望ましくない行動を慎もうと思ったり、さらに規範意識を強くするなど、認識や行動に大きな影響を及ぼします。感謝や慈悲の気持ちを抱けば、将来自分も道徳的な行動ができる人間になりたいと願い、実際の行動を変えていくことも少なくありません。

公共のルールを破った人に対して、社会は犯してしまった行動だけでなく、反省の気持ちがあるかどうかも斟酌しんしゃくします。心の奥底まで覗くことは難しいですが、道徳的感情を育てることは、社会において重きがおかれているのです。最近は、社会的地位の高い人の合法だからいいでしょ、といった態度が気になります。本来、法律も人が作ったものでベストであるとは言えません。道徳的に内省する力が求められます。

✝道徳感情が薄れるメカニズム

人間は自分に非があると考えるのを回避しようとしたり、自分の落ち度を最小限に考えようとするところがあります。責任を直視できない背景には何があるのでしょうか。

先にも触れましたが、私たちは、頭ではやるべきことがわかっていても、ズルズルと好ましくない行動をしてしまうところがあります。「早起きすべき」「夜更かしはいけない」というレベルでも、言うは易く行うは難しなのです。

どうしてそのような行動をしてしまうのか、わかりやすく説明しているのが、アメリカの心理学会会長も務めたスタンフォード大学のアルバート・バンデューラの理論（1986）です。

思いやりのある行動ができたとき、幼児は「えらいね」とほめられることが往々にしてあります。褒められたり、ご褒美をもらうことは嬉しい体験です。ですから、こうした「正の強

図20　自己調整過程におけるバンデューラの理論

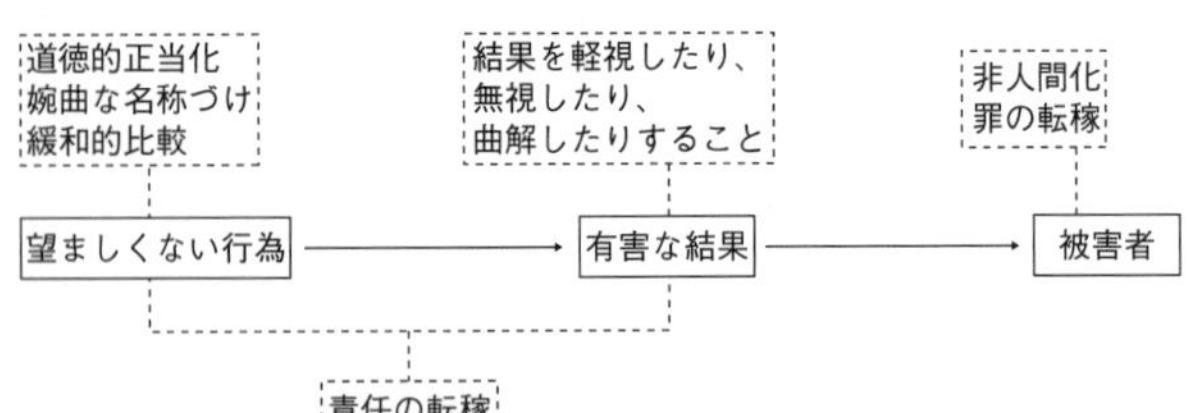

化」を受けて、幼児は積極的に良いことをするようになります。

逆に、悪いことをすると叱られます。叱責されると、じょじょに恥ずかしさやうしろめたさを感じるようになります。そうしてやがて自発的に道徳的な行動が行えるようになります。

ご褒美がもらえるといった動機から、褒めてもらえるとより嬉しくなり、そのうちお互い様だという互恵性が理解できるようになります。成長すると、良い評価によって「社会的な強化」を受け、道徳的な行動で満足感を得られるようになります。もっと発達すれば、そうした行動をすること自体が喜びとなる愛他性を備えられるようになります。

ところが、良いことをしようという道徳的な働きかけがうまく働かない場合があります。そのとき、心理的には図20のように、自分自身をうまく調整できないメカニズムが起きていると考えられています。

†言動を正当化する「行為の再解釈」とは

図20は、人間がどうして望ましくない行為、すなわち、道徳的でない行動をしてしまうのか、というプロセスをわかりやすく説明しています。

まず、「道徳的正当化」とは、どのような行為をさすでしょうか。たとえば、戦争時の指導者は「さあ、戦争をしよう」とか「人を殺めにいこう」といった表現は用いません。たいてい「平和のために頑張ろう」とか「未来のために正しい行動をしよう」といった煽り方をします。残忍な殺傷行動から目をそらせ、自分たちが正義なのだと言って罪悪感を減らします。つまり、ある行為を再解釈して正当化することで、これが道徳的で正義なのだと錯覚させます。

「婉曲な名称づけ」は婉曲なラベリングという言い方もできますが、太平洋戦争時に、敗走を転進に、全滅を玉砕に言い換えたという大本営発表は、よく引き合いに出されます。テレビのアクション番組という言葉も、アクションは大抵攻撃行動や暴力のことが少なくありません。卑近な例で言えば、援助交際（不純な異性関係）とか、適性規模化（実はただの解雇）などもこの範疇に入ります。つまり、直接的な言葉を使わず婉曲に表現することで、悪いイメージをはぐらすわけです。

また、「緩和的比較」とは、都合の良い比較ということです。自分を正当化するために比較対象を都合良く選ぶことです。たとえば政治家が、近隣諸国や歴史上の圧政者の名前をひきあいに出して自分を正当化するようなことです。あるいは、テストの点数が悪かった子が叱られると、「○○くんは、もっと悪い点だよ」と自分より低い点の友達を引き合いに出したりします。

†因果関係の曖昧化

自分が行ったことを他の人の命令や指示によるものと主張して、自分の責任を免れようとする行動が「責任の転嫁」です。責任を転嫁する行動は、大人においては無意識に行っている場合も少なくありません。たとえば、仕事に限らず家庭でも、子どもの問題を自分の教育のまずさにしたくない気持ちから、この子の性格がもともと悪いせい、と言ってしまう親がいます。

「責任の拡散」も、日常生活でよく見られる行動です。端的には、「赤信号みんなで渡れば怖くない」といった表現で表される心情です。人間は、ルール破りをする多くの人を見ると罪悪感が薄らぎ、自分も同じような行動をとりがちです。ハロウィーンやサッカーワールドカップの日の渋谷駅周辺の混乱が思い浮かびます。

†結果の無視や歪曲

自分が行動して良くないことが起こった場合（有害な結果）、その結果を無視したり軽視するのもよくあることです。自分の行動との関わりを歪曲したり最小化して考えがちです。このとき結果との間に時間的・空間的に距離があるほど、その行為を忘却しやすく、責任感も弱くなります。

便宜供与した政治家が、具体的な計画や実行は秘書に任せるなど、計画者と実行者の間に何人かはさまると、罪の意識が薄くなります。トップの人間は実際に行動していないためです。ギャングの親分も、部下に不正を指示した上司も、自分が手を下していないならば、罪悪感はほとんどないのです。

†対等でなければ道徳心は揺らぐ

他人の気持ちや境遇に共感したり同情したりするかどうかは、相手との類似性を認知できるかどうかによって影響されます。逆に見れば、その状況において相手を自分と同じような気持ちや価値観をもつ存在として位置づけていない場合には、非道な行動ができるわけです。これは「非人間化」と呼ばれ、戦争のときなどに生じると言われます。

また、非難の帰属をめぐる問題があります。たとえば、レイプ事件を起こした犯人が、自分が悪いのにもかかわらず、相手が薄着だったからとかミニスカートをはいていたからとか言い訳するようなものです。罪の転嫁とは、自分の罪を直視できず、別の事情に非難の理由を帰属させてしまうことです。

†モラル・ジレンマと感情

研究では、道徳的に相反する、板ばさみに陥るような「モラル・ジレンマ・ストーリー」がよく用いられます。有名なストーリーとして、「トロッコ・ジレンマ」と「歩道橋ジレンマ」が代表的です。

暴走したトロッコが線路上を進んでいます。そのまま進むと線路上にいる5名の作業員全員に衝突してしまいます。この5名を助けるためには転換機を押してトロッコの進路を変える必要があるのですが、その別の線路には1人の作業員がいるというストーリーです。5名の作業員を助けるために転換機を押して、1人の作業員を犠牲にすることが適切かどうかを判断させるこの課題が「トロッコ・ジレンマ」です。

「歩道橋ジレンマ」は、トロッコ・ジレンマ（と、半分くらい同じシチュエーション）を、歩道橋の上から眺めている人という状況です。暴走したトロッコが、このまま進めば線路上にいる5名の作業員に衝突する。この5名を助けるためには、歩道橋にいる、見知らぬ人を突き落して、線路を塞ぎ、トロッコの暴走を食い止める必要がある。では、作業員たちを助けるために、見知らぬ人を突き落すことは適切なのかどうか、といった課題です。みなさんはどう思いますか？

心理実験の結果、トロッコ・ジレンマでは、大半の人が、5人を救うために転換機を押して進路を変更することが適切だと判断しました。一方、歩道橋ジレンマでは、見知らぬ人を突き落とすのは不適切であると考える人が大半であることが明らかになっています。

どちらも、5名を救うか1名を救うかという人数の点では同じです。けれど結果は正反対になるわけです。つまり、わずかな状況設定の変化によって判断に迷いが出てくるという興味深い違いを示しているのです（相馬・都築、2015）。

この判断の違いはどこからくるかといえば、研究の協力者がトロッコのストーリーを第三者的な視点からとらえたのに対し、歩道橋の話は、かなり個人的な事態だと感じたからであると解釈できます。

道徳ジレンマの課題を、個人的な問題として受け止めると、責任感が強まります。歩道橋のほうは、見知らぬ人を突き落とすという「非道な行為を意図的に犯す」というストーリーになります。ネガティブな感情を大きく喚起し、不適切と判断されるわけです。これに対してトロッコの話は、どちらかといえば傍観者的に最大多数の幸福を考える、功利主義の問題としてとらえられるのではないかと考察されました。

道徳ジレンマについては、引き続きいろいろな検討がなされていて、たとえば、課題を与える前にポジティブな感情を喚起させておくと判断が異なるという研究があります。あるいは、脳との関係で、道徳判断をする脳の領域も明らかになりつつあります。感情が道徳判断にどのように影響するか、今後ますます明らかになるでしょう。

実際、モラル・ジレンマ・ストーリーを活用した授業を見学に行くと、子どもたちのジレンマがどういう点にあるのかがわかり、とても面白いものです。大人がこしらえた話は、ときに子どもたちにまったくジレンマ状況をつくらず、簡単に解決されたりします。また、先にも述べたように、自分のこととして考えるか、作り話として、あるいは誰か知らない人の話として受け止めるかによっても結果が異なってしまいます。したがって、自分のことのように考えさせる工夫をすることが大切です。

†嫌悪感と道徳的行動

人は、さまざまな状況に直面するとき、必ずしも熟慮したり、理性的に判断したりしているわけではなく、嫌悪感といった、かなり直感に近い感情の影響を受けているという主張があります。たとえば、「国旗を破いてトイレ掃除に使う」「車にはねられた犬の死体を調理して食べる」など、多くが嫌悪感を抱くシナリオを提示して、道徳的な判断を求めた研究があります(Haidt, Koller, & Dias, 1993)。

参加者は、それらの行為をすべて不道徳だと判断しましたが、それではどうして不道徳だと思うのか尋ねると、その理由をうまく説明できない人がほとんどでした。「悪いものは悪い」という態度になりがちだったそうです。つまり、道徳判断とは、直感や感情に基づいたものなのではないかということです。

これは、知性や理性こそ人間の道徳性の本質であると考えてきた従来の道徳心理学に対立する理論として注目されています。この理論を提唱するジョナサン・ハイトは、人間の道徳的感情の源泉は6つあると述べています。

①危害/親切……苦痛を拒否したり、残虐行為に反応する

②公正／欺瞞……不公平を批判し、平等性に反応する
③自由／抑圧……人の支配に反応する
④忠誠／背信……共同体の裏切りに反応する
⑤権威／転覆……権威や、それを拒否する者に反応する
⑥神聖／堕落……宗教的な神聖さに反応する

もちろん、ハイトの考えとは異なる立場もあります。スタンフォード大学のウィリアム・デーモンらは、道徳的感情の多様性は広いと指摘します（2015）。

デーモンは、自己を否定的に評価する感情（恥や罪悪感）、他者を否定的に評価する感情（正義の怒り）、自己や他者の道徳的な質を理解する感情（誇り、崇める、感謝、鼓舞）、他者の苦しみを思いやる感情（同情、共感的嫌悪）、他者の幸せを喜ぶ感情（共感的喜び）等の感情の存在を指摘しました。

そして道徳的感情は、いっけん直感で判断されるように思えることがあっても、それは進化の長いプロセスを通して人間という種に組み込まれ、ほぼ普遍的になったからだと解釈しています。世界中のどこに住む人々でも、暴力的なことには嫌悪と恐怖を抱きますし、寛大さや親切を目の当たりにすれば温かい感情がわき、人が傷ついているのを見れば痛みを感じるように

なったと主張します。

ただし、こうした道徳的感情を十分に機能させるには、もともとの未熟な状態から成長させる必要があります。成長するにつれて、感情と理解が互いに関わり合いながら発達していくものと考えられます。

ハイトは、感情というものを「道徳性という殿堂で主人の役割をもっているが、道徳的推論は高僧を装った召使いのようである」という指摘をしました。これに対してデーモンは、「感情と認知を明確に違うふたつの独立した領域に分けて考え、感情が認知よりも重要と考えてしまっている」と指摘し、ハイトと異なる主張をしています。

デーモンは、感情と認知はそれぞれ独立しているというよりは、むしろ密接に絡み合う関係であると指摘します。道徳的ジレンマ（トロッコや歩道橋）や、嫌悪感を抱かせるハイトの質問内容が現実的にあり得ないので、そのような場面を無理に設定して道徳性を検討することを批判しています。その上で現存する偉人などリアリティのある話の中で、人生において道徳性がいかに培われていくのかを探求する必要があると述べ、書籍にまとめています。

†感謝できる人ほど幸福度が高い

感謝は一般にポジティブ感情として考えられていますが、日本では、喜びの感情だけでなく、多くの場合「すまない」「申し訳ない」などのネガティブな「負債の感情」を含んでいると言われます（図21）。

その背景の一つに、仏教的な世界観があります。説法でよく話される「無常」という言葉がありますが、森羅万象あらゆるものは常に変化するという概念です。いま手にしているもの、自分の存在、他者の存在など、すべてを当たり前のように思っているけれども当たり前ではない、というわけです。

感謝やお礼を表す「ありがたい」は、この無常を受けた概念です。つまり、「有り難い＝有ることが難しい」ということで滅多にないことです。ですから、他人から何かしてもらうことは、滅多にないから、ありがたいというわけです。人間に生まれたこともありがたいことです。さらに、人間であり続けることは難しく、また喜ばしいことでもあります。私たちは一人きりでは生きていけませんから、多くの人のおかげで生きているという「申し訳ない」という気持ちが、感謝の感情に含まれるようになります。

感謝についてはいろいろな研究がありますが（池田、２００６）、中学生、高校生、大学生を対象に、感謝と学校への適応との関連を検討した私たちの研究（蓑島・渡辺、２０１５）では一口に感謝といっても、４つの因子が見出されています。現状への感謝、負債感、返礼、忘恩

図21　感謝に伴うポジティブ・ネガティブ感情体験のカテゴリー

研究者	カテゴリー	
	ポジティブ感情	ネガティブ感情
佐久間	ありがたさ （自己志向的な喜びの感情）	すまなさ （他者志向的な恐縮する感情）
Wangwan	肯定的感情 （嬉しさ・温かさ・幸福感・感謝）	負債感情 （迷惑をかけた・心苦しさ・借りができた）
池田	ありがたさ・嬉しさ	すまなさ
一言・新谷・松見	肯定的感情 （grateful・glad・indebtedness）	否定的感情 （ashamed・regretful・sad）
蔵永・樋口	満足感 （満足・幸せ・喜び）	申し訳なさ （すまなさ・申し訳なさ・恐縮）
感情体験 言語表現	ありがたさ・嬉しさ・幸福感・喜び・満足感 「（どうも）ありがとう」「ありがとうございます」	すまなさ・申し訳なさ・心苦しさ・恐縮 「（どうも）すみません」「申し訳ありません」

注）蔵永・樋口は、感謝場面で生じる感情体験について、上の２因子に加えて不快感（いらだち・不愉快・不満）も抽出しているが、ごく限られた状況でしか生じていないことから、感謝に伴う感情は含めていない。池田の研究で報告された感謝の心理状態のうち,「親のおかげ」という因子は場面や対象が母親に限定されるため除外。

です。青年期用の感謝尺度が用いられて調べられました（岩崎・五十嵐、２０１４／２０１７）。そして、感謝の気持ちを抱きやすい人ほど、周囲に受け入れられていると感じており、課題や目的をもって学校生活を送っていることが明らかになりました。

一方、感謝のポジティブ面でなくネガティブな側面（負債の感情）を抱きやすい学生は、周囲となじめていなかったり、自尊心が低下していることが示唆されました。つまり、ポジティブに感謝できることは、周囲との適応に良い影響をもつと考えられます。

こうした研究をもとに、感謝の感情をはぐくむ教育をした場合に、ウェルビーイングがどうなるか調べた研究もいくつかあります。

たとえば、「感謝の訪問」という研究があります（Seligman, Steen, Park & Peterson, 2005）。日々の生活で感謝していながらも、お礼を告げられていない相手に、感謝の手紙をもって訪問するというものです。この研究によれば、ウェルビーイングが上がり、抑うつ傾向が低くなると報告されています。また、「感謝事筆記法」という研究では、週1回、1週間をふりかえって自分が感謝したことを5つ書くという実践を10週間行ったところ、ウェルビーイングが向上したばかりか、睡眠時間の向上、身体的不調の改善、他者への支援感情が高まるなどの効果がありました（Emmons & McCullough, 2003）。

人間関係が希薄化するということは、感謝の気持ちを得る経験も減少することにつながります。核家族化や近隣などとの関係が希薄になりつつあります。かつては、年賀状や暑中見舞いという習慣は、お世話になった人の顔を思い浮かべたり、その一年間をしみじみと振り返ることにつながるものでしたが、いまどきの若者の間ではどんどん簡略化してSNSの一斉メッセージですましてしまったりしがちです。

自分の生命のありがたさへの意識や、お世話になった方への感謝の気持ちが、現代日本人に少なくなっているのだとしたら、こうしたことも影響しているかもしれません。自分の命や、今ここで元気にいることへの感謝の気持ちを抱く体験の積み重ねがないと、いきあたりばったりの浅い感じ方を繰り返すことになりがちです。

†共感性の発達

共感性のもっとも基本的な形は、実は生まれたときから存在します。たとえば、新生児は、他の赤ちゃんが泣くと自分も泣くといった具合です。これは、人類という「種」に組み込まれた行動です。

「痛みを示す特定の音へ選択的反応を示す」という非常にシンプルな種類の共感性と言えます。

同じ大きさの音でも、人の泣き声ではない場合には泣きません。こうして、新生児の段階からある特定の音や視覚的なパターンに反応するわけですが、成長するにしたがって、ほかのパターンにも順応していきます。

ハイハイしだすころには、泣いている他の子に、おもちゃなど自分が慰められるものを差し出すようになります。あるいは、むずかっている子をなぐさめるようにと自分の母親を連れてきたりします。その子の母親を連れてくるのが本当は正解ですが、乳幼児期の共感性は、まだ自分と他人の嫌悪感を区別することは難しいようです。

しかし、学童期の直前、年長さんくらいの年齢になると、他人には自分と異なる心の状態があることに気づき、より適切に行動できるようになります。泣いている子の母親を連れていったり、その子が好きそうなテディベアをもっていったりできるようになるのです。

さらに成長してくると、他人の状況に「同情」できる理解レベルに達します。たとえば、他人の慢性的な病や経済的な苦しさ、家族の難しい状況に同情を抱くことができるようになります。

同情は共感とは少し異なります。感情の状態を共有していなくても、別の人の気持ちと自分の気持ちを同一視することが可能だからです。これを認知的な発達から考えると、たとえば他人が嬉しそうに見えても、実は悲しいのかもしれないと推察できるようになることでもあります。気分を害している人はその感情を隠して嬉しそうな表情をすることがあることを知るわけです。社会的現実への理解が進むことで、同情を受け入れない人がいることも意識するようになります。

子どもの成長を願う親の役目は、他の人の経験や視点を理解できる能力を身につけさせることができるようにすることです。他人を傷つけた子どもたちには、彼らの行動が何を招いたか理解できるよううながすことだと言えます。

親近性バイアス

同情はときに公正な判断をゆがませます。特に家族や親友、自分と似た境遇であったり考え方が同じだったりする人には、かたよった評価をしがちです。なじみがあり近しい人には、遠い存在の人に対してよりも深く同情し、多くの援助をする傾向にあるのです。

ニューヨーク大学のマーチン・ホフマンは、「種に組み込まれた共感的反応にはバイアスがある」と指摘します（1984）。人間の場合は、家族や親友、自分に類似した人には、よりバイアスのかかった行動をとることから、「親近性バイアス」と呼ばれています。

これは物理的な距離も同様で、そのときに近くにいる人に同情するバイアス（here-and-now bias）もあります。まさに「遠くの親戚より近くの他人」は、心理学的に裏付けられる事実です。こうしたバイアスを人がもちやすいことを自覚できていると、身内びいきなどによるひどい過ちを予防することができると考えられます。

ホフマンは、こうして共感と道徳判断との関係を指摘したほか、共感と正義についても考えを述べています（1991）。実力主義の社会の公正さは、個人がどれだけ生産したかや貢献したかによって資産を配分することになります。これは公平（equity）の原理に基づきます。共産主義の公正さは、生産性にかかわらず、人が必要としている状態によって資産を配分すること、すなわち平等（equality）の原理に基づきます。現実の社会は、いずれか片方に偏るというよりは、この2つの考え方の間を日々葛藤しているようです。

大切なことは、生産性に基づく原理においても、そこから生じる不平等について深く考えることです。他人の自由と両立する最大限の自由、社会の一番恵まれない人に最大の利益となるように考えることだと指摘しています。ここでいう一番恵まれない人とは、たとえば、貧困の人、自尊心を高くもてない人、などです。

人は、本来、最も恵まれない人に対して、経済的利益の一部を分かち与え、こうした状態にした社会のシステムに対して、共感して怒りを覚えます。裕福でありすぎると、罪悪感を持ちます。誰かを犠牲にして自分の裕福さがあるのではないかと想像するものだと示唆しています。

†「ずるい」という感情

子どもの頃を振り返っていただくと誰でも一つや二つ、次のようなトラブルを思い出すことができるのではないでしょうか。

おやつや食事のときの食べ物の分配をめぐる「お兄ちゃんの方が大きい」というようないざこざ、きょうだいやクラスメイトとの共有物をめぐる「これ私のものだから、使っちゃダメ」という独占欲、自分だけ叱られたり我慢させられたりして「なんで、弟や妹ばかり！」といったモノやコトに関する依怙贔屓への不満です。私の博士論文テーマは、この公正さの研究でした。

配分をめぐる争いは、境界をめぐる近隣トラブルなど、大人になっても絶えません。それが拡大した最も深刻な事態は、領地や利権をめぐっての国同士の争い、戦争と言えるでしょう。

子どもたちの生活のトラブルを観察していると、たいていが「ずるい」「ずるくない」といった言葉に集約されていました。人間の配分に対する公正や正義という認知はどのようにして形成されるのか、大学院当時の私のリサーチ・クエスチョンでした。大人が考える不公平とは異なる視点を、子どもたちはもっているかもしれないと考えたわけです。

論文では、子どもの公正さについての認知的な発達に焦点を当てましたが、この簡単な言葉に込められた感情の側面（公正感）は、いま考えてみれば、価値観の側面（公正観）に負けず重要です。なぜなら、大人の世界、つまり政治や社会を舞台に考えても、冷静になることが難しい問題だからです。大の大人が口論し訴訟まで起こし、すこぶる優秀なはずの世界中のリーダーたちが戦争を避けられないのは、まさに感情的な成分が多く含まれているからなのです。

†公正観の発達

私は、4歳から9歳の子どもを対象に、ずるい、ずるくないという気持ちになりやすいジレンマストーリーを読ませ、臨床法と呼ばれるやり方で、子どもたちがどのように考えて登場人物たちに報酬を配分するかということを尋ねました。

「この子は、頑張ったからたくさんあげる」「この子は、サボってたからダメ」「みんな同じだけあげるべき」「上手な人にあげる」「みんな偉いから同じにする」といったいろいろな考えを聞くことができました。また、9歳から12歳の子どもたちには、同じようなジレンマになる話を質問紙で尋ねました。

ほかに、5歳児を3人ずつのグループにわけてバッジをつくるお手伝いをしてもらうのですが、作製するバッジの数が3人みんな異なるようになる条件設定をして、10個の報酬を大人のいないところで分配してもらうという実験もしました。

私たち大人は別室でモニタリングしています。こうして5歳の子どもたちがどのようなコミュニケーションをして、そのように報酬を分配するのか観察したところ、実に興味深い子どもたちの議論を見ることができました。

自分だけ多く取ろうと、仲間から「ずるい」と怒られたり、どうしたらいいだろうと悩んだり、自分の友達にあげたいとか、誕生日がきたから自分がもらえるとか、帽子をかぶっていると考えられないとか、ジャンケンというのはどうかという提案があったり、それぞれがいろいろな解決法を考えていました。

こうした結果から、アメリカの先行研究（Damon, 1975）と同様に、日本の子どもたちにおいても、図22のように、6つの発達段階があることが明らかになりました（渡辺、1986／1992）。

なんとか自分に多く取りたい利己的な考え（0-A）から、理由を示しながらもやはり利己

図22　公正概念の発達段階

段階	概　要
0-A	行動を起こしたいという欲求から選択。理由を正当化しようという意図はなく、ただ欲求を主張することのみ（例：“それを使いたいから得たい”）。
0-B	依然、欲求中心だが、外見的特徴や性などに基づいて理由づけするようになる（例：“女の子だからいちばんたくさん欲しい”）。目的は変わりやすく，自分を有利にする傾向がある。
1-A	厳密な平等性の概念からなる（例：“みんな同じだけもらうべき”）。平等はけんかや葛藤を避けるものとして考えられる。一方的で柔軟性に欠ける。
1-B	行動の互恵的概念からなる。人は善・悪に対してお返しを受けるべきだと考える。メリットや功績の概念が現れるが、まだ一方的で柔軟性に欠ける。
2-A	さまざまな人が存在しているが、人間的価値は等しいということが理解されている。ただ選択理由は主張（競争）を避け、量的に妥協しようとする（例：“彼はいちばん多く、彼女は少し”）。
2-B	互恵、平等、公平の真の意味を考える。さまざまな人の主張や状況の特殊性を理解する。したがって、場面により判断理由は変わる。基本的にはだれもが当然、分け前をもらうべきだという考え方。

（渡辺, 1986）

的な段階（0-B）や、絶対に同じが良いのだという段階（1-A）、さらには、貢献度や能力に応じてわけるべきだ（1-B）ととらえられるようになり、最終的には必要度を考えたり（2-A）、各人の状況や各人の価値の平等性を斟酌して分けられる（2-B）ような発達が期待されることがわかりました。

　現実には、大人であっても最高レベルの発達段階に達しているとは思いませんが、認識に近いレベルでは発達していくことが示唆されたのです。

　しかしいずれの段階でも、子どもたちの発言や意見に出てくるのは、「かわいそうだから」といった言葉であり、これはアメリカでのデーモンの研究では見当たらなかった発言でした。「ずるい」という気持ちとともに、日本の子どもの世界で声高に訴えられる気持ちとして「かわいそう」という感情が多かったのが印象的でした。この「かわいそう」という気持ちについて、まだ発表できるほどの成果は上げられていませんが、これが共感性なのか、慈悲なのか、憐れみなのか、日本独自の感情表現としてさらに研究を進めたいと考えています。

＊　＊

このように道徳感情については興味深い調査が積み重ねられています。たいていは、道徳的に葛藤するような、どちらかといえば非現実的な話を元に尋ねられた回答から成果が導き出されています。気がつくことは、道徳感情に関する研究には、あまりわくわくといったポジティブな感情との関連性は見られていないということです。席を譲ったり、おやつをわけたり、手助けをしてあげるような「思いやる行動」や「自分を律する行動」は、わくわくという気持ちと相容れないのでしょうか。自分だけでなく他人にとって公平で正義となる行動をとることが、わくわくするような体験になると良いと思います。

第四章

問題行動の感情問題

内閣府の白書を見ると、罪種別では窃盗犯が最も多く、原因・動機は、所有や消費目的、ついで、憤怒とあります。まさに、怒りの感情が原因の非行が多いことがわかります。その背景には、親との愛着の問題や学業不振があります。

平成27年度の「子供・若者白書」(旧「青少年白書」)において、年齢別にみると、刑法犯少年では15歳が最も多く、14歳が続いています。また、14歳から15歳の占める割合が上昇傾向にあり、触法少年(刑法)では13歳が多くを占めています。12歳以下の割合が上昇しているという傾向が記述されています。つまり、10代からこうした非行傾向が高まっています。

非行少年の特徴は、悪いと知りながらやってしまっているという状況が多く、目の前の欲求に対して、うまく自己制御ができない様子がうかがえます。過去に失敗したことを顧みて、次に活かすための内省する力、さらには、先を見通す力も不足しています。

こうした攻撃的な行動や反社会的な行為は、直面した状況についての感じ方や思考の仕方と大きく関連しているという考え方があります。「社会的情報理論」という有名な理論です(Crick & Dodge, 1994)。

人は、まず、社会的手がかりに注意を向けます。その状況で、何が起きたのか手がかりを符号化します。つぎに、なぜ起きたのかを解釈します。その後、どうするのか目標を明確にし、可能な行動に何があるのかを反応検索し、行動を決定するという「情報処理」を行っていると考えるモデルです（図23）。

たとえば、歩いていて、誰かと肩がぶつかったとします。そのときに、「ぶつかった」ことを偶然だとか、自分がぼやっとしていたと解釈すれば謝罪するでしょう。ところが攻撃的な人は、相手がわざとぶつかってきたとか、自分が馬鹿にされたという解釈をする傾向があります。しかも、争いを避けようという目標もありません。その結果、暴言を吐いたり、叩いたり蹴ったりといった攻撃行動を選択しがちです。彼らは相手に共感するとか、腕力によることが後ろめたいといった感情が弱く、過度に相手の行動に怒りのもとを見出すとも言えるでしょう。曖昧な手がかりしかなくても、敵意と受け取ったり、自分を馬鹿にしたと解釈しがちです。

攻撃的な人の特徴として、問題解決のための行動レパートリーが少ないこともあげられます。そもそも謝罪することはダメな行動と考えており、行動の選択肢に入っていない場合もあります。相手に「大丈夫ですか」「ぼやっとしていてごめんなさい」と気遣う行動も解決のための行動としてデータベースにないことが考えられます。

図23　社会的情報処理における情報過程と認知モデルの統合

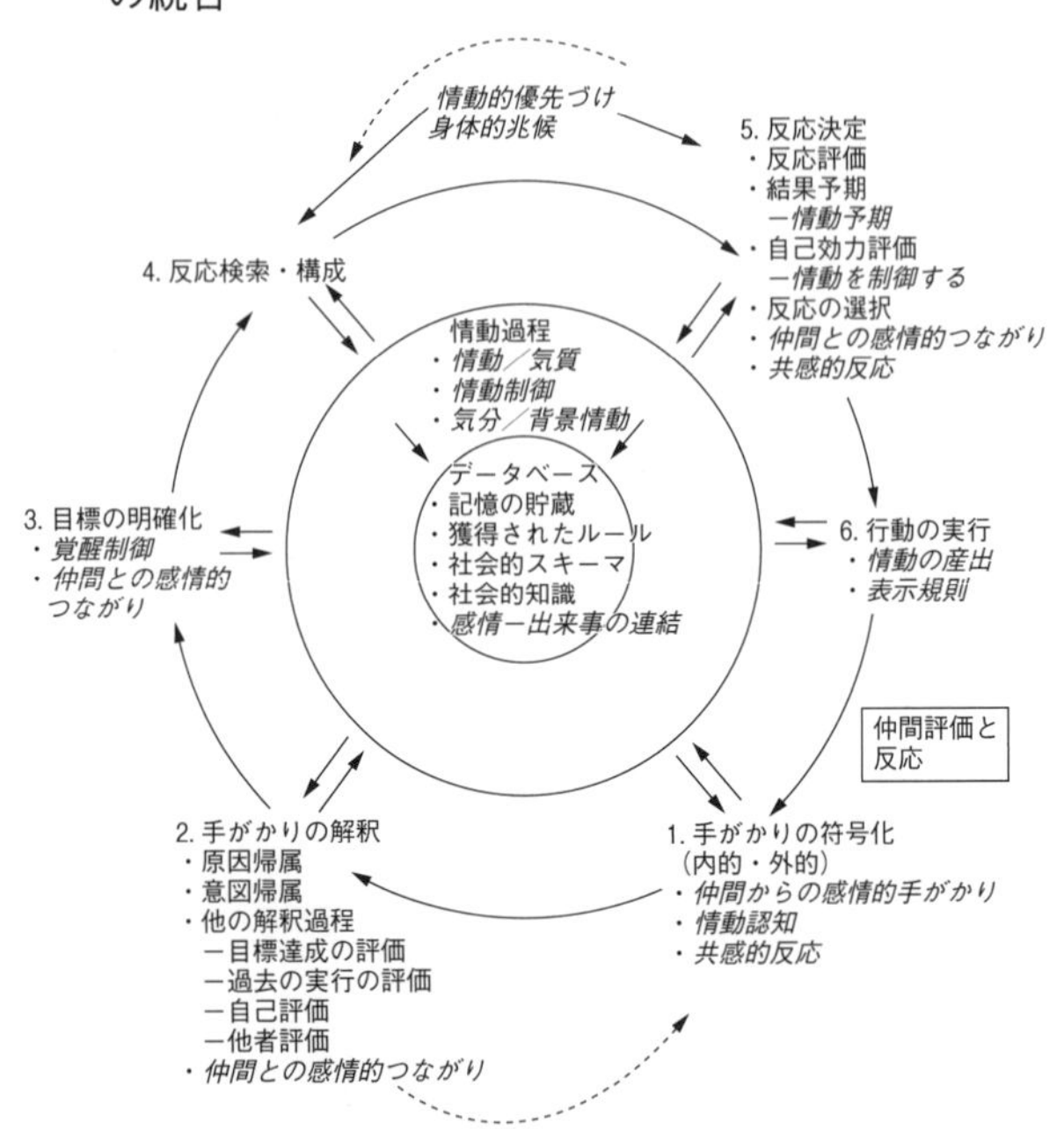

(Crick & Dodge, 1994 のモデルより)

つまりデータベースとなる記憶や規範意識、社会的経験や知識などにエラーやバイアスがある場合が少なくないため、非行傾向が高い子どもたちは、攻撃行動をとることが問題解決に一番効果的だととらえているところがあります。

こうした情報処理における問題には、環境の影響が多分にあると言われます。概して、非行少年の家族、つまり親自身も攻撃的であったり、一貫した子育てをしていない場合があります。虐待といった問題が背景にある場合は少なくありません。そういった家庭環境では、誰かに共感するとか、思いやるといった行動モデルに接する機会が少ないため、身につきにくいのです。

気分しだいで無視したり暴力を振るったりするなど、親の子育てが一貫していない場合、その子どももじっくりと物事を考え内面化するという経験ができず、いつも親の顔色をうかがう、親が恐いから従うといった、その場しのぎになりがちです。

罪悪感や共感の気持ちを獲得しないまま育つと、何かあったときに、社会的手がかりについてゆがんだ見方をして敵意があると解釈しやすく、攻撃することこそ正しいと考えるようになってしまうのです。そのために、他の人とあたたかい関係を築くのがいっそう難しくなります。

†日常会話が喧嘩腰

非行の研究では、コミュニケーションの問題を指摘するものがいくつもあります。非行傾向が強い子どもたちは、話をしているときに、つい感情的にかっとなったり、取り乱したりすることが少なくありません。

以前、ソーシャルスキル・トレーニング（Social Skills Training, SST）を頼まれて少年院を訪れたことがありました。退院に向けてどのようなスキルを身につけたいか尋ねると、数人の少年たちが、親と喧嘩しないスキルを教えてくれと答えました。一体どういう状況が多いのか見せてもらおうと、彼らに親との会話を、具体的に再現してもらいました。

少年1「お母さん、出かけてくるわ」
少年2「どこへ、また悪さするんじゃないの」
少年1「そんなわけないだろーっ！」

たった二言、三言の会話で、険悪な雰囲気になることが多いとわかりました。どうしてそうなってしまうのか掘り下げて聞いていくと、「母親は喧嘩を売るために生きている」という言い方で表現する少年もいましたが、話しているうちに「母親は心配だから、そう聞いてくるんだよ」という考えに至りました。

それではどういう会話だったらよいか意見を聞いていくと、母親が心配しないように、誰とどこで何をするか、何時頃帰るかの情報をもう少し伝えた方がよいという結論になりました。

そこで、必要と思われる情報をいくつか加えて、ロールプレイで再現してもらうと、会話はすぐ和やかな雰囲気になりました。お母さん役を演じていた少年の反応は、「そうなの、気をつけて」というように変わったのです。自分の行動を変えることで相手の反応が変わりうることを体験したのです。

†他人の表情を誤解する非行少年たち

コミュニケーションにおいて感情的にこじれる背景には、どのような原因が考えられるでしょうか。

まず、他人の表情の認識に問題がある場合があります。

表情は、会話の最中にずっと同じではなく、内面の感情と関連して、その瞬間瞬間で変化します。一般に、私たちは行動を決めるための情報処理の過程で、意識的であれ無意識であれ、相手の表情を手がかりにしています。特に、攻撃的な言動をとるかとらないかは、相手の表情の変化がかなり影響します。

暴力的な行動をする青少年の問題として、こうした表情からの感情の受け取りに問題があると指摘している研究は少なくありません（Bowen & Dixon, 2010）。そういった調査によれば、問題行動を起こす子どもは、他の子どもの感情について、その表情の強度が弱い場合には、喜びと悲しみの認知を間違える可能性が高いと報告しています。

表情認識を調査した研究（佐藤・魚野・松浦・十一、２００８）は、暴力的な言動をとりがちな彼らの表情認識は、成人に比べて、嫌悪と悲しみについて正確さを欠くことを明らかにしました。さらに、非行少年とそうでない少年を対象に、表情の認知について比較検討していますが、非行少年は嫌悪の表情を、怒りと受け取る傾向が強いことを指摘しました（Sato, Uno, Matuura, & Toichi, 2009）。

怒りも嫌悪感も、いずれもネガティブな感情ですが、怒りの方が嫌悪感よりも興奮度や覚醒度が強い感情です。嫌がられるならば離れようという具合に、嫌悪感はどちらかといえば「退く行動」を喚起しやすいのに対して、怒りは、それならば戦おうという「前に出る行動」を導きやすいと考えられます。こうした認知のゆがみが、攻撃行動を過度に誘引するというのです。

非行少年が、表情を読み間違えやすいことについては、海外においても同様の報告があります。嫌悪感、悲しみ、驚きといった感情を表情からうまく読み取っていない（McCown et al., 1986）、恐れ、幸福感、悲しみの表情や音声を適切に受け取っていない（Cadesky et al., 2000）など社会的手がかりとなる表情の認知が適切にできないところが共通点です。

さらに、先ほどの親との会話例で考えると、親がなぜ「どこへ？」と尋ねてきたのか、その心配する内面を推測できていません。親が安心できるような情報を、きちんと伝えれば、親はわざわざ否定的な質問を発することもないということが予測できないわけです。ここに注目すれば、

「お母さん、コンビニに○○買いに出かけてくるわ、すぐ戻るから」

「そうなの、気をつけて」

といった会話を想定したソーシャルスキル・トレーニングの成果が見られるようになります。

ただし、お母さんが同じように攻撃的な場合、子どもがこのようなコミュニケーションを行ったとしても、台無しになることがあります。非行を防止するためには、家族全員をサポートしなくてはいけない理由がここにあります。

†ひきこもりと感情

「仕事や学校に行かず、かつ家族以外の人との交流をほとんどせずに、6か月以上続けて自宅にひきこもっている状態」を「ひきこもり」と呼んでいます。ひきこもりの高年齢化が深刻になっており、支援団体の「KHJ全国ひきこもり家族会連合会」による全国調査では、ひきこもりの平均年齢は34・4歳に達し、10年前に比べて高くなっています。

平成22年の内閣府の引きこもりについての実態調査では、家族に申し訳ない、生きるのが苦しい、誰かと会うのが不安といった気持ちが一般の人よりも強く、自身については、感情表現が苦手と感じているなどの特徴が見られました。「ひきこもり」は、単一の疾患や障害の概念ではなく、様々な要因が背景になって生じます。

研究で明らかにされたことも、必ずしもすべての人に当てはまるわけではありませんが、自宅から出られなくなってしまう人には、次のような傾向があると言われます。臆病、消極的、疑い深い、誰とも親しくなりたくない、羞恥心が強い、批判恐怖、強い不適切感、感受性が強い、達成感や成功感に乏しい、などです(高橋、2005)。さらに、対人恐怖、ほとんど外出しない、親の言動を責めたり、親との接触さえ極力避けたりする、といった特徴も指摘されます（岡本・宮下、２００３）。

多くの場合に共通していることの一つに「まじめさ」をあげる研究者は少なくありません。「前は、手のかからない〝いい子〟だったのに……」と振り返る親（家族）が多いからです。真面目であるということは、社会のルールに従うことにかなり注意する傾向が高いことを意味します。ところが、実際の生活では、誰もが忠実に社会の決まりに従うわけではありません。さまざまな要因が重なって、いつでもどこでもルールを守るということは難しいものです。「こうでなければいけない」「こうしなければならない」と考えてばかりいると息がつまってしまい、思い通りできなかったときの挫折感や、自分だけがダメなのではないかという劣等感に苛(さいな)まれたりもします。

児童期、青年期の不登校から継続してひきこもりになる割合は2割程度あるようですが、こうした場合に、児童期におけるルールに従うことを巡っての葛藤、また自尊心の低下などが原因として考えられます。

また、不登校経験がないにもかかわらず、就職活動や職場で挫折し、ひきこもりになっている人たちも少なくないようです。当事者のブログなどからすると、学校卒業後、フリーターをしばらく続けたが、徐々に家での生活が長くなっているというケースもあります。

はっきりとしたきっかけがなくとも、ちょっとした違和感を覚える経験が積み重なったことで〝生きづらさ〟を感じ、それを強く意識してしまい、外へ出られなくなるようです。

†もつれた感情の糸

ひきこもると、一日中ゲームやインターネットといった娯楽に明け暮れる人が多いのですが、心から楽しんでいるというのではほとんどないようです。つらい状況からの一時的な逃避と考えられています。自分自身と向き合うことに耐えられないため、それを忘れさせてくれるものが貴重なものになってくるという指摘があります（西村、２００６）。

周囲や社会の意に沿いたいのにそうできない、ダメな自分（という自己認識）に対して、さまざまな「負の感情」が生じていると思われます。羞恥心、親のすねをかじっているという罪悪感、仲間や社会から置き去りにされている孤独感、自分をみっともないと思ったり、親や家族に申し訳ないと感じる意識もあるようです（宗像・武藤、２００８）。

親に対しては、恨み半分、感謝（ないし引け目）半分であると、この分野の第一人者である精神科医の斎藤環氏は述べています（１９９８）。恨みと感謝とは、矛盾した感情だとも考えられますが、入り混じった感情が絶えず強くあるということです。親が強く出てくると、恨みの気持ちや攻撃性が強まりますが、どこかに、引け目や申し訳なさ、感謝もある。ただし、そうした気持ちをうまく親に表せないでいることが多いのです。

親もそうだと思います。つらさを受け入れてやりたい気持ちと、どうして、そのような振舞いをするのかわからず、戸惑いや苛立ち、心配などでいっぱいです。互いに、複雑な感情を抱えている存在であること自体をもう少し認め合って、隠されている部分を信じて素直に行動できればよいのでしょうが、本心を言葉にのせてうまく伝えるということは、簡単なようで難しいことなのです。

ひきこもりへの対応として、たとえば「感情を取り戻させる」という方法があります（服部、2007）。ひきこもりの状態とは、自分を見つめているようで見つめきれない状況にあります。自分がどういった気持ちを抱えているのか、わからなくなっています。あるいは、抱えている気持ちに気づいているのに、うまく相手に伝えられないと、初めから諦めていることもあるようです。それが長く続くと、感情が希薄化します。

この感情の部分に働きかけて、安心すること、そしてネットなどで他人にではなく、周囲に表現する楽しさ、周囲から認められる喜びを体験してもらうことが必要です。その際、親などとの「絡まった感情の糸」をほぐすために、家族ではない第三者が関係をとりもつといった支援も重要になってきます。

†いじめと感情

いじめ防止対策推進法の施行に伴い、2013年度から、いじめは「児童生徒に対して、当該児童生徒が在籍する学校に在籍している当該児童生徒と一定の人的関係のある他の児童生徒が行う心理的又は物理的な影響を与える行為（インターネットを通じて行われるものも含む）であって、当該行為の対象となった児童生徒が心身の苦痛を感じているもの」と定義されます。

この定義に基づいたいじめの認知（発生）件数は、20万件を超えています。仲間はずれ、無視、陰口といった経験をするものは多く、被害者と加害者が入れ替わりながらいじめに巻き込まれるという特徴もあります。

定義において注目すべきは、いじめの認知は、「児童生徒が心身の苦痛を感じているもの」であり、締めくくりで「感じている」という主観的な気持ちが強調されているところです。

児童期、青年期のいじめの問題が生起する背景に、感情コンピテンスの問題が想像されます。中でも、感情をマネジメントするスキルに関わります。児童期はクラスメイト同士に葛藤や諍い（いさか）、いざこざが生じやすい時期です。ところが発達の視点を考えると、まだ、対人関係において未熟な時期です。心の中の複雑で多様な感情に対応しきれず、泣き出したり、必要以上に悔しがったり憤慨したりして、収拾がつかないことがあります。そのため、親や教師などの大人が感情マネジメントの手助けをすることが求められます。

いじめはもちろん加害者に絶対的な問題があるわけですが、実効的な対応をするには、加害者の感情と、被害者の特徴から考えることが必要です。加害者と被害者が交代し合っているという特徴からも、双方の発達上における未熟さが背景にあります。

たとえば英国では、いじめの被害者に感情表現のスキルが発揮できていない、あるいは不足していると指摘する研究があります（Olweus, 1994/ Perry, Williard & Perry, 1990）。また、そうした感情スキルが不足していると、様々な心の問題を引き起こしてしまうこともあります（Neary & Joseph, 1994）。こうした視点を考慮することも必要でしょう。

いじめが続いて対人関係の悪循環に陥ってしまうときに、二つの被害者のタイプがあります。第一のタイプは、受け身の被害者です。葛藤を解決しようというよりは、尻込みしがちで、避けようとする傾向が強く、自分からいじめを終わりにさせようとする行動をあまり見せないタイプです。攻撃されても仕返しをしたり、自分からいじめを終わりにさせる行動が取れないところがあります。ユーモアを発揮することも少なく、しばしばすぐに泣いてしまうなど、不安が強いタイプと言えます。

第二のタイプは反対に、興奮したり攻撃的なところがあり、仕返しを仕掛けたりしますが、失敗して孤立してしまいます。いずれのタイプにせよ、問題をうまく解決するスキルが不足しています。

膨大な時間をかけて、いじめの加害者およびその仲間と、いじめられている被害者の対人関係のやりとりを観察した、カナダのクイーンズ大学とヨーク大学の共同研究によれば、被害者が、加害者と同様に、関心があると加害者に受け取られるような、喜びのような表情を示してしまっている場合があることも明らかになっています（図24）。

単純に解釈してはいけませんが、積極的に問題を解決しようという姿勢を被害者が見せてないことが、いじめを長期化させてしまうリスクにつながることが示されました（Wilton, Craig, & Pepler, 2000）。

†いじめ加害者の心理的問題

いじめ加害者の感情にも特徴があります。攻撃性に対して抵抗感が少なく、攻撃することにも不安や恐れがあまりありません。また、いじめられた被害者から、逆に加害者になる子ども

図24　被害者が表出する表情（上）と加害者が表出する表情（下）

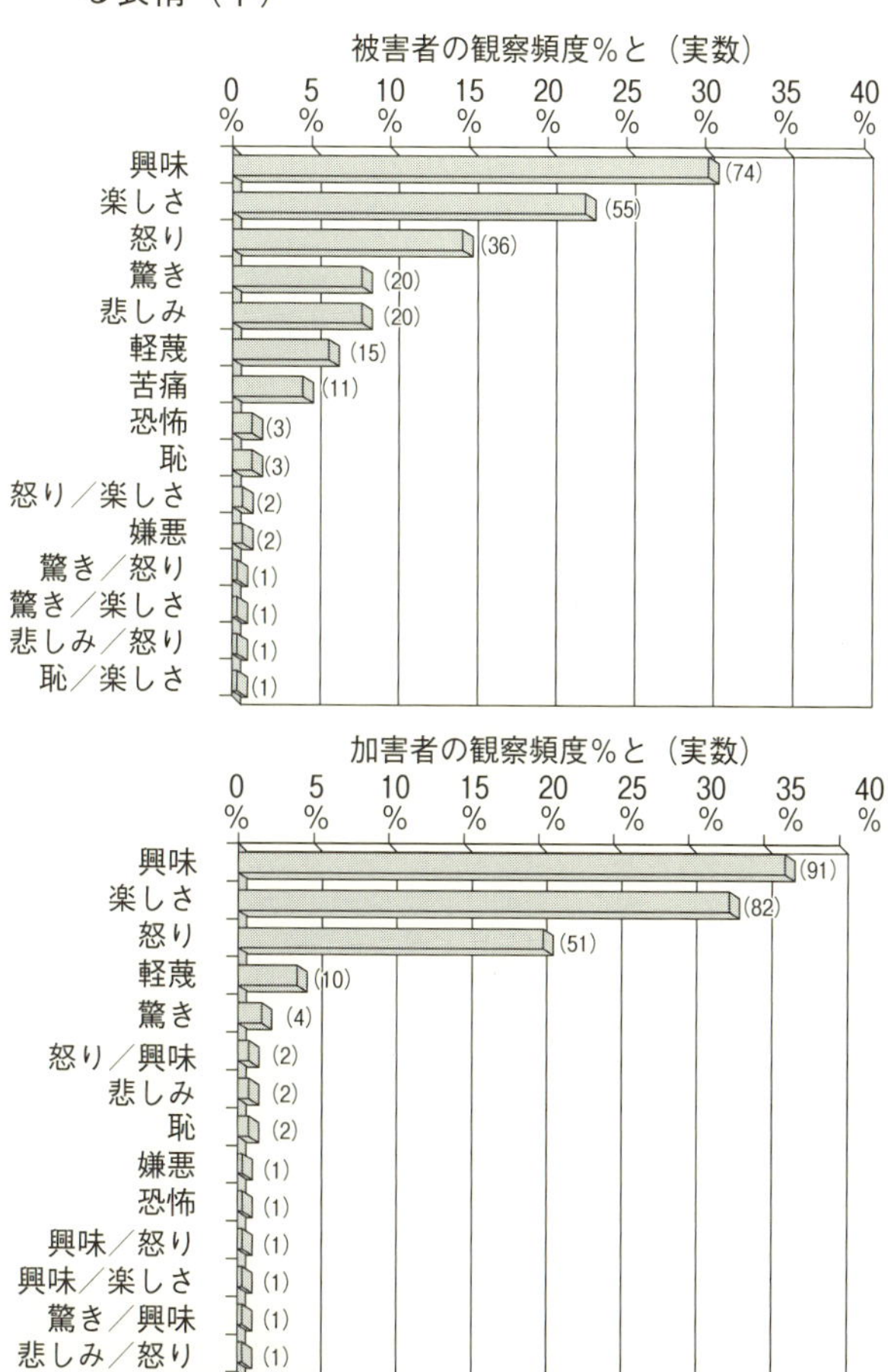

（Wilton, Craig, & Pepler, 2000）。

は、むしろ破壊的で衝動的になり、感情を強く表出するという報告があります（Kokkinos & Panayiotou, 2004/ Schwartz, 2000）。

加害者の感情については多くのことが考えられます。ある特定の個人をいじめ続けるという、いわばコストのある行動をとるのは、いじめることによって、そのコストよりも強い利得感があるからではという指摘もあります。つまり、意識しているか無意識かは別として、いじめることが得になると思っているのです。多くの場合、クラスの中での自分の立場が周囲から認められるという動機だと予想できます。いじめることによって、クラスの中の自分の立場が周囲から認められ、クラスに適応するための行動だと判断しているということです。「スクールカースト」という言葉があるように、クラスの中には大人の想像を超える子どもたちの社会的な階層があると言われています。

また、加害者である子どもが共感性に乏しい場合、被害者の苦痛を知っても攻撃を止めず、相手に敵意があると解釈すると、むしろ被害者の苦痛を見ることが快感となり、行動を強化しているとも考えられます。非行のところで指摘した社会的情報理論の考えで説明されることもあります。

こうした被害者の苦痛に共感できない場合は、罪悪感が弱く、他のクラスメイトも自分と同じように、被害者のことを嫌っていると想像している傾向があります。誇大な自己愛をもつ子どもが加害者であると、特権意識が強いため被害者の子どもが自分に従うべきだと思い込んでいます。その上、規範意識が弱いので、いじめを止めることができないのではないかとアメリカ心理学会で報告されたりしています。

加害者が仲間と一緒になって、仕返しできないようなクラスメイトをいじめるのは、自分たちの社会的地位の高さを周囲にアピールしたいからです。いじめによってストレスを解消している部分もあると考えられます。

†いじめから逃れるための感情マネジメント

もちろん、被害者がどうであれ、いじめ自体、決して認められるものではありません。生徒個人やその家族の視点で考えるならば、いじめられてからではなく、そのターゲットにされない予防策を考える必要も生じます。クラスメイトの理不尽な言動に反抗しない子どもも、あるいは逆に、興奮しすぎて周囲から敬遠されるような子どもが、いじめの対象にされる可能性が高いようです（Perry, Williard, & Perry, 1990）。

日頃から、自分の考えや気持ちを毅然と言える、わかりにくい表情は避けて伝えたり、主張できるスキルを育てることが、いじめ予防のために必要だと考えられています（Craig, Pepler & Atlas, 2000）。

とは言え、いじめ問題を個人のレベルで解決していこうとすると、多くのスキルが必要なことがわかります。欲求不満耐性、他者とかかわるスキル、危険を認識するスキル、恐怖や不安に対応するスキル、自己防衛のスキルなどであり、いずれのスキルもすべて感情のマネジメントに関わります。

まず、自分の気持ちをコントロールするとともに、いじめっ子の行動を冷静に見て、相手から受ける攻撃を最小限にしながら、いじめの構図から逃れる策を立てる必要があります（Dodge, 1989/ Kopp, 1989）。具体的には、怖い、恐ろしい、怒りといった感情をマネジメントする必要があります（Eisenberg, Fabes, Murphy, Maszk, Smith & Karbon, 1995）。これがうまくいかないと、いじめがさらにエスカレートしてしまうおそれがあります。

おどおどしやすかったり、逆上してしまったりする行動が、いじめを長期化させます。いじめられている子どもの反応が、加害者の攻撃行動を加速させてしまうことがあるからです（Perry, Williard & Perry, 1990）。あるいは、いじめられてもなお笑みを浮かべたり、いいんだよと受け流すような表情や態度を示したりすることは、適当なコーピング（対処行動）とは言えません。

しかし、いじめ被害者の状況を考えれば、反抗することによってさらに事態が悪くなることへの恐怖があるでしょうから、無理からぬことでもあります。その場をなんとかしのぐことに精一杯で、笑みや戸惑いの表情、無視する態度をとらざるを得ないこともあります。

ですから、いじめを予防していくためには、子どもたち個人の成長をうながす一方で、いじめ被害を出さないために一般的には、加害者からの嫌がらせや攻撃に大人が介入し、被害者をケアする必要があることは言うまでもありません。

†虐待の社会問題化

2000年の「児童虐待の防止等に関する法律」（児童虐待防止法）では、保護者がその監護する児童に対して行う虐待行為を「児童虐待」として禁止しており、その防止等に関する措置について定めています。禁止される虐待行為の内容としては、①身体的虐待、②性的虐待、③ネグレクト（保護の怠慢）及び④心理的虐待の4種が定められています。統計では、身体的虐待が最も多く、誰からのという報告では、実母が最も多くなっています。その理由は、単純ではありませんが、育児不安や養育能力の低さが指摘されています。

身体的虐待は、殴る、蹴る、投げ落とす、熱湯をかける、溺れさせる、戸外に締め出すなどの行為をしたものに該当します。性的虐待は、性的行為の強要、性器や性交を見せる、児童ポルノの被写体にするなどが挙げられています。ネグレクトは、適切な衣食住の世話をしない、乳幼児を車内や家に放置する、保護者以外の虐待行為を黙認、放置するなどが入ります。最後の心理的虐待は、言葉による虐待、無視や拒否的な態度を示す、配偶者やその他の家族に対し、暴力を振るうなどが入ります。

虐待は、その後の人生に大きな影響を及ぼすことが知られています。子どもの心身の成長および人格の形成に重大な影響を与えるとともに、「虐待の連鎖」という言葉があるように、次の世代に引き継がれるおそれもあります。

児童虐待防止法改正法（2004年）においても確認されているように、子どもに対する最も重大な権利侵害です。事件化しないまでも、虐待が疑われた親などは、しばしば厳しいしつけであると言い訳しますが、もとより子どもへの虐待は、しつけとは明確に異なり、正当化されるものでないことは言うまでもありません。

虐待が児童精神医学の重要な課題の一つになったのは、世界的には小児科医ヘンリー・ケンプらが1962年に発表した論文“The battered-child Syndrome”（Kempe, 1962）（「殴打された子の症候群」）であり（田中、2016）、日本でも『被虐待児症候群について』（新田・藤井・臼井、1973）がありました。それらで紹介された症例がきっかけとなり、徐々に認識が高まりましたが、その後、児童相談所における虐待相談件数は急増し、最悪の場合には生命を奪われる事件もたびたび起こっています。

親に殺されないまでも、心身に重大な被害を受ける子どもが後を絶たないことなどから、2000年には児童虐待防止法が施行され、先述の児童虐待の4定義に基づいた国および地方公共団体の責務、子どもの保護のための措置等が定められ、児童虐待に対応するためのさまざまな施策の推進がはかられました。2002年には心身に有害な影響を受けた子どもを養育する専門里親制度が新たに創設されましたし、2004年には、すべての児童養護施設等に、家庭復帰のための調整や相談を行う家庭支援専門相談員（ファミリー・ソーシャルワーカー）を配置できる措置も講じられました。それでも、虐待の数は増え続けているため、児童相談所の職員の増加などの対応がなされています。

†虐待がもたらす心理的な障害

繰り返しになりますが、虐待は、児童虐待防止法第2条において定義され、4つの類型（身体的虐待、性的虐待、ネグレクト、心理的虐待）が示されています。いずれにおいても子どもの心身に深刻な影響をもたらすのは確実です。

どのような虐待を受けたか、その種類によって心理的な症状に一定の傾向があるという研究もあります（田中・前田、２００５）。たとえば身体的虐待ならば、死亡、頭蓋内出血、頭蓋骨折、火傷など、目に見える怪我はもちろんのこと、暴力体験からトラウマ（心的外傷）を持ち、そこから精神症状（不安、情緒不安定）が生じやすくなります。

身体的虐待では攻撃性が顕著になるのに対して、性的虐待を受けた子どもは、何もやる気にならない、非力な自己イメージしかもてず、無力化が見られることが報告されています（Finkelhor and Browne, 1985）。虐待によって安定した愛着関係を経験できないことは、対人関係の障害に直結します。中枢神経系の発達や、感情調整能力の発達に影響するのです（Brisch, 2002）。

たいていの被虐待児は自尊心が欠如し、自己評価は高くありません。他人の感情どころか自分の感情も理解できず、その調節がうまくいかなくなるという問題が指摘されています。いったい自分がどんな感情を抱いているのかわからない、あるいは怒りや悲しみといった負の感情が激しくなっても、その気持ちを表現する言葉を見つけられない、などです（Juneja & Singh,

2018）。

†虐待が脳に及ぼす影響

脳の発達は、初期の段階では、神経細胞が分裂する、増加する、適切な場所に移動するという活動をします。こうしたプロセスはほとんど遺伝子で決まってくるそうですが、ニューロンのネットワークが拡大していくころになると環境の影響も大きくなります。神経細胞と神経細胞をつなぐシナプスは、刺激を受けると強まり、刺激がないと弱まることになり、環境に応じて必要なシナプスが選ばれて行きます。

脳の影響が強いのは、幼児、児童期と考えられることから、児童虐待は是が非でも阻止しないといけません。

身体的な虐待は、暴力による痛みよりは、その痛みから逃れられない、また、人としての尊厳を傷つけられたことではないかと想像されます。両親のドメスティックバイオレンスを目撃することも、大きな傷を残すようです。11歳から13歳ごろの子どもたちがこのＤＶを目撃した場合には、視覚野の容積が小さくなるのに血流が増えており、視覚野が過活動になっていることが指摘されています（友田・藤澤、２０１８）。

それ以外の虐待のケースにおいても、脳に及ぼす影響が大きく、これまで紹介してきた、非行、ひきこもり、いじめ等の問題を引き起こす背景にある場合もあります。成人して親元を離れ、その影響から脱してもなお、その後の人生においてすら、自由にのびのびと生きていくことが難しくなってしまうことを考えると、まずは、親になる人に、子どもの発達や、子育ての知識を支援していくことが必要です。

発達障害の表情認知

いわゆる発達障害と呼ばれるタイプの特性については、相当数の研究が重ねられていますが、ここでは感情の特徴についてまとめたいと思います。

発達障害はいくつかのタイプに分類されています。自閉症、アスペルガー症候群、注意欠如・多動性障害（ADHD）、学習障害、チック障害、吃音（症）などが含まれます（内閣府政府広報）。生まれつき脳の一部の機能に障害があるという点が共通しています。

2005年に発達障害者支援法が施行され、その影響を受けて学校教育法の一部が改正され、2007年から知的な遅れのない発達障害を含めて特別な支援を必要とする幼児児童生徒が在籍するすべての学校において特別支援教育が実施されたという経緯があります。

発達障害の子どもたちは、怠けているとかわがままと誤解されやすいのですが、先天的な脳機能の障害があり、認知的な特異性があると言われています。まず、情報を受け取るときの「入力」に問題があります。複数のことに同時に注意を向けるのが難しかったり、切り替えが難しいなどの「注意」のところに問題があります。また、感覚過敏もあります。情報を保持するところにも困難なところがあり、一時的に情報をしばらく保持しておくワーキングメモリに、不調があります。人の話を覚えていなかったり、周りの様子を観察して記憶していなかったりするので、計画的に行動することが友達と同じようにできないところがあります。

同じ人に、いくつかのタイプの発達障害があることも珍しくありません。個人差がとても大きいという点が、「発達障害」の特徴といえるかもしれません。

発達障害の特性については、相当数の研究が重ねられていますが、ここでは感情について興味深い研究を紹介します。調査は、怒りや嫌悪といったネガティブ感情や、喜びなどのポジティブ感情をイメージさせる表情あるいは声を見たり聞いたりして、その感情を適切に判断できるかどうかを比較しました。「F&T感情識別検査4感情版」（障害者職業総合センター、2014）という検査が用いられ、感情の読み取りの特性を把握しようとしました。

具体的には「音声のみ」「表情のみ」「音声プラス表情」の各条件で、表情をどれだけ読み取

図25　発達障害者と定型発達者（大学生）の呈示条件ごとの正答率

対象者	音声のみ	表情のみ	音声＋表情
	平均正答率（SD）	平均正答率（SD）	平均正答率（SD）
定型発達者	85.9　(6.90)	84.5　(6.69)	94.7　(5.55)
発達障害者	76.8　(9.57)	71.0 (10.18)	86.9 (10.04)

群別にみた呈示条件間の正答率については、以下の関係が明らかとなった。

定型発達：「音声のみ」＝「表情のみ」＜「音声＋表情」
発達障害：「表情のみ」＜「音声のみ」＜「音声＋表情」

（障害者職業総合センター）

れるかを明らかにしたところ、発達障害者が、特に表情の読み取りに関して、より困難であることが明らかになりました（図25）。

ネガティブな感情とポジティブ感情との混同は、定型発達者と発達障害者のいずれにも認められます。ですが「音声のみ」の条件において、「喜び」と、「怒り」「嫌悪」の混同は、発達障害を抱えている人の方が多い傾向にあったのです（図26－1）。

また、「悲しみ」を「嫌悪」と混同してしまう傾向や、「嫌悪」を「怒り」と混同してしまう傾向も、発達障害者において顕著でした。特に「表情のみ」の条件では、「悲しみ」を「怒り」「嫌悪」と混同する傾向が認められました（図26－2）。

これらの結果から、発達障害者は特に「悲しみ」の表情や音声をうまく受け止めにくいことが明らかになりました。

図26-1　「喜び」と「怒り」「嫌悪」の混同率

呈示条件	対象者	快→不快			不快→快		
		喜び→怒り	喜び→嫌悪	合計	怒り→喜び	嫌悪→喜び	合計
音声のみ	定型発達者	0.3%	0.6%	0.9%	0.8%	0.6%	1.4%
	発達障害者	1.0%	6.9%	7.9%	2.2%	3.5%	5.7%
表情のみ	定型発達者	—	—	—	0.1%	—	0.1%
	発達障害者	0.2%	1.1%	1.3%	0.2%	0.1%	0.3%
音声＋表情	定型発達者	0.3%	0.4%	0.7%	0.2%	0.2%	0.4%
	発達障害者	0.1%	1.7%	1.8%	0.2%	0.2%	0.4%

図26-2　「悲しみ」と「怒り」「嫌悪」の混同率

呈示条件	対象者	悲しみ→嫌悪	嫌悪→悲しみ	悲しみ→怒り	怒り→悲しみ	怒り→嫌悪	嫌悪→怒り
音声のみ	定型発達者	0.7%	13.9%	0.8%	1.1%	12.7%	9.8%
	発達障害者	16.4%	13.5%	1.0%	1.8%	8.7%	26.1%
表情のみ	定型発達者	12.3%	0.5%	5.5%	21.0%	6.5%	14.8%
	発達障害者	31.6%	3.4%	20.0%	12.0%	9.0%	36.9%
音声＋表情	定型発達者	3.3%	2.6%	1.1%	0.6%	7.5%	4.3%
	発達障害者	15.6%	4.0%	0.7%	1.3%	7.0%	21.0%

対人関係において、相手が悲しい気持ちを持っていることがわかればこそ、思いやり、協力し合う行動につながりますが、「悲しみ」の表情や音声を「嫌悪」と混同する特徴は、適切な関わりができない大きな原因になっていると考えられます。

†自閉症スペクトラム障害

自閉症は「対人関係の障害」「コミュニケーションの障害」「パターン化した興味や活動」の3つの特徴を持ちます。最近では症状が軽い人たちまで含めて、本質的には同じ一つの連続体ということで自閉症スペクトラム障害という呼び方もされています。自閉症はかなり稀で重い障害だと考えられてきましたが、最近では、比較的症状が軽い「アスペルガー症候群」や「非定型自閉症」の存在が知られるようになりました。これまで性格の問題などと誤解されることに苦しみ、支援の対象でなかったのが、しだいに支援が必要だと気づかれるようになったのです。

原因はまだ明らかではありませんが、遺伝的な要因が複雑に関与して起こる脳の機能障害が原因と考えられています。胎児のときの環境や周産期のトラブルなども関係している可能性がありますが、親の育て方が原因ではありません。

幼児期では「目が合わない」「他の子に関心がない」「言葉が遅い」などで気づかれることが多くあります。「指さしをしない」「名前を呼んでも振り向かない」「表情が乏しい」「落ち着きがない」「かんしゃくが強い」などで相談されることが多いです。自閉症の中でも知能には遅れがない高機能自閉症と呼ばれる人々がいます。言語を獲得して学業成績が良い場合もありますが、人との会話が苦手です。

ある自閉症スペクトラムと判定された人の感情についての特徴を調べた研究によれば、表情から「悲しみ」のようなネガティブな感情を読み取る正確さは、自閉症スペクトラム障害の人が、定型の発達者よりも低い結果でした（Ashwin, Chapman, Colle, Baron-Cohen, 2006/Bal, Harden, Lamb, Hecke, Denver & Porges, 2010）。また、顔の表情のどこのパーツを見ているかを検討すると、「目」を見ている時間は、自閉症スペクトラム障害の人の方が、短く、「口」を長く見る傾向が強かったのです（Nakano,T., Tanaka, Endo, Yamane, Yamamoto, Nakano,Y. Ohta, Kato, Kitagawa, 2010）。目ではなく口に注意が向いているために、感情の読み取りがうまくいかない可能性が示唆されます（Kirchner, Hatri, Heekeren, Dizobek, 2011）。

さらには、自閉症スペクトラム障害の人は、他人の顔の認識に特徴があり、「目、鼻、口」の大まかな位置関係を把握するのはよくても、各パーツの違いを把握するのが苦手なのではないかという指摘もあります（Kätsyri, Saalasti, Tiippana, Wendt, Sams, 2008）。

音声からの他者の感情の認知について検討した研究は少ないのですが、自閉症スペクトラム障害があると、定型発達者よりも読み取りの正確さが低いことが指摘されています（Rutherford, Baron-Cohen, & Wheelwright, 2002）。俳優が感情を込めて発声した音声で、泣き声や笑い声を聞かせてその感情を読み取らせるという研究があり、「驚き」を表現した音声について、定型発達者は「嫌悪」と回答する誤答が多かったのに対して、自閉症スペクトラム障害の人では「喜び」と誤答する傾向が高いと報告されています（Jones, Pickles, Falcaro, Marsden, Happé, Scott, Sauter, Tregay, Phillips, Baird, Simonoff, Charman, 2011）。

感情を表情から読み取ったり、見えない感情を予測することが難しいことから、次のようなことを心がけることが大切です。

●表情を見る習慣をつくる

小さな頃から、人の顔を見るようにします。人の顔が不快ではなく、安心できるような体験です。一緒に遊んだり、抱っこしたりと、無理のない範囲で視線が合う経験をさせてみます。子どもが何を見ているのかな、と関心を寄せ、大人が子どもの視野に入っていく気持ちで関わると良いでしょう。

●自分の感情に気づかせる

子どもの様子をよく見て、何か感情を味わっている瞬間に、「楽しいね」などと声かけします。文字が読める場合は、感情の言葉をカードにして、自分が感じている感情を選ぶなど、ゲームのようにして学べるよううながしてみます。

●感情のボキャブラリーを増やす

知識として感情の名前を教えます。笑顔の絵カードを見ながら「うれしい」とか、泣いている絵カードを見ながら「かなしい」など、表情と結びつけて教えます。

●感情を体験させる

いろいろな人に会ったり、様々なおもちゃで遊んでみるなど多様な体験を積める機会を積極的につくってみます。複雑な感情を体験することが、日々の生活を彩り豊かなものにしてくれます。

支援の手立てを考える上でも、こうした感情表出の特徴を知ることは、誤解やミスコミュニケーションをしなくてすみます。どんな力を伸ばせば良いか、その目標が絞られ、支援につながる研究も期待できます。

†ＡＤＨＤの問題と感情

発達障害の分類に、ＡＤＨＤがあります。注意欠如多動性障害（Attention Deficit Hyperactivity Disorder）のことで、多動性、衝動性、不注意の３つが主な特徴です。中枢神経系の成熟において何らかの事情によって起こり、通常は児童期からこの特徴が発現します。

ＡＤＨＤの子どもたちは、周囲の状況に注意を払うことが難しいところがあります。衝動性は、列に並ぶことができず、誰かの邪魔をしたり、他人の会話に入り込んでしまうことが多々あります。また、同じくらい感情をコントロールできません。はしゃぎすぎる、喋りすぎる、何かに突き動かされたように行動します。落ち着きなくせかせかする、気持ちがイラつく、劣等感が強いなどの感情を示すと指摘されています（図27）。

ＡＤＨＤの子どもたちは、他人の感情を誤解しがちです。表情の写真から感情を選ぶ課題で、間違った回答をすることが多いと報告されています。その原因は、表情の認知の仕方にあるのではないかと考えられています。また、児童期になると自分自身の感情表現についても問題が見られるという複数の報告があります（Cadesky, Mota. & Schachar, 2000/Corbett & Glidden, 2000/Pele, Kornreich, Foisy & Dan, 2006/Williams, Hermens, Palmer, Kohn, Clarke, Keage, Clark,

図27　年代によるADHD症状の現れ方

	青年期以降	中高生年代	小学生年代	幼児期
不注意	基本的に中高生年代の現れ方と同じであるが、そうした自分の特性に違和感をもっていることが多い	ケアレスミスが多い。忘れ物・失くし物が多い。約束を忘れる。整理整頓が苦手。授業中や会話の際にうわの空にみえる。作業に集中せず脱線が多い。時間管理が苦手で大切な課題も後回しにする	連絡帳やノートをとれない、忘れ物が多い、作業が雑、よそ見が多い、ケアレスミスが多い、宿題をしない、提出物を出さないなどの特徴が目立つことがある	この年代で不注意が注目されることはほとんどない。事物への関心という点ではむしろ好奇心の旺盛な活発な幼児という印象を大人に与えるかもしれない
多動性	体をもじもじと、あるいはそわそわと動かしていて落ち着きがない。会議のようなじっとしていることを求められる場を避けたり、必要以上に席を立ったりする。会議などで落ち着かない気持ちを強く感じる	授業中の離席は減っても、体をもじもじと、あるいはそわそわと動かして落ち着きがない。じっとしていることを求められる場が苦手で避けようとする	授業中に立ち歩いたり、他児に大声で話しかけたりする。いつも多弁で騒々しい。いつも体をもじもじと、あるいはそわそわと動かしている。むやみに走り回り、興味のおもむくままに乱暴に物を取り扱う	じっとしていることが苦手で、動き回る傾向が強いが、この年代では周囲の子どもも活動性が高い傾向にあり、多動性が注目されることはまだあまり多くない
衝動性	軽はずみな行動やルールの逸脱が生じやすい。順番を待たねばならない環境を避ける（長い列に並ぶなど）。相手の話を最後まで聞けず、途中で発言してしまう。感情的になりやすくトラブルが多い	軽はずみな行動やルールの逸脱が生じやすい。相手の話を最後まで聞けず、途中で発言してしまう。感情的になってキレやすい。順番を待たねばならない環境を避ける（例えば長い列に並ぶこと）	軽はずみで唐突な行動が多い。ルールの逸脱が多い。順番を待てない。教師の質問へ指される前に答えてしまう。他児にちょっかいを出し、トラブルが多い、道路へ突然飛び出したりする	いきなり母親の手を振り切って駆け出す、遊具や遊びの順番を待てない、邪魔な他児を突き飛ばす、他児の所有物をいきなり取り上げる等の行動が目立つと、問題として注目される可能性が高い
その他	自信がなく、批判に弱く、抑うつ的になりやすい。ネット依存、ギャンブル依存のリスクが高く、ひきこもりに発展しやすいケースもある。反社会性が強まるケースもある。パーソナリティ障害の特性が強まるケースもある	反抗的になりやすい。非行集団への接近が生じうる。自信がなく、気分の落ち込みが生じやすい。受動攻撃性が高まり不登校・ひきこもりが生じやすい。ネット依存・ゲーム依存のリスクが高い	激しい反抗や他者への攻撃行動などの外在化障害、あるいは分離不安や抑うつなどの内在化障害が前景に出た学校不適応や、受動攻撃的な不従順さを伴う不登校が現れる	人なつこさが目立つ。衝動性や多動性は養育者の虐待的対応を誘発するかもしれない。すでに、かんしゃくや反抗を中心とする外在化障害や分離不安を中心とする内在化障害が現れるかもしれない

（斎藤万比古［編］（2016）注意欠陥・多動症――ADHD――診断・診療ガイドライン第４版より）

Gordon, 2008)。

ただし、ＡＤＨＤの子どもたちは、基本感情（喜び、いかり、悲しみ、恐れ）を、児童期の初期には、理解して同定することができますし、児童期の中期には、ほぼすべての感情を理解できるようになります。

ＡＤＨＤの子どもは、怒りを爆発させてしまうことがあります。ですから、爆発する前に手を打つことが大切です。自分が「怒っている」のに気づかせることが第一歩です。「カッ」とすると、息苦しくなったり、頭が真っ白になったり「怒りのサイン」が現れます。それを意識することで、大爆発させないように行動することはできます。

第一章の図11や第二章で感情をコントロールするプログラムとして紹介した「感情の温度計」を活用します。お母さんに叱られたとき、好きなものが食べられなかったときなど、その時々で怒りの強さが違うことに気づけます。

ちょっとイラッとしたときに、自分の怒りに気づくことができれば、しめたものです。そんなときは、10まで数えたり、大きく深呼吸したりなど、クールダウンできる技を学ばせます。服の上から太ももに数字を書きながら数えたりすれば、数え終わるころには怒りのピークは過ぎているはずです。

こうした感情理解や感情表出の特徴を、周囲の支援者、親や教師、友人たちに知ってもらうことが大切です。カッとなる経験が減り、気持ちをマネジメントできる成功体験が積み重ねられると嬉しい気持ちを体験することができるようになり、悪循環から脱することができるようになります。

＊ ＊

このように問題行動を抱える子供たちには、揃ってわくわくとした体験は失われています。もしかすると過去にわくわくする体験がなかったのかもしれません。生きること、生活することと自体が辛い気持ちになることが先行しています。子どもらしく無邪気に小躍りするような気持ちが耕されていないのではないかという切ない気持ちになります。怒りや、落ち込みなどのつらさを和らげるだけでなく、少しでも、よしやってみよう、といった体験を機会があれば与えてあげる努力が周囲に期待されます。

第五章

感情マネジメントの技術

†わくわく感の喪失

一般的に「学校などで勉強する」というのは、知らないことを学ぶこと、つまり新しい知識を獲得することを想像します。学ぶということは、どこか苦しんで、頑張って、集中して、諦めない修行のようなイメージがします。受験勉強は、まさにその象徴とも言えるでしょう。

そのためだけではないでしょうが、今日、学習から足が遠ざかる子どもたちの数が多く、一向に減少する気配はありません。強い不安や引きこもりの原因は、一口に言えないほど、いろいろな原因やタイプがあります。しかし、いずれにせよ、学校で学ぶことの楽しさやわくわく感がそれ以上に強くあれば、もう少し解決の兆しが現れてもいいように思います。

それだけ、学習意欲が上がらないということでしょうか。

こうした学習意欲の低下は日本だけの問題ではありません。海外でも学力を伸ばすためには何が必要なのか、学習がうまくいかない原因を解明することに関心が高まっています。学校に行きたい、何かを学びたい、と思い立つとき、そこには「〜たい」という意欲があります。できるようになるといいな、なんだかわくわくするな、どんなことになるのかな、という気持ちが付随します。

そうです。知的好奇心が必要です。「できないかも」「失敗するかも」という不安は誰でもあるものですが、それ以上に、知りたい、トライしてみたい、という気持ちをもてることは素晴らしいことです。失敗もあるかもしれませんが、そこで得た喜びや意外な発見による楽しさは、さらなる学習意欲につながります。知らないことを知りたい！　という強い好奇心があれば、行動を起こすことにつながるのです。

情報過多になった現代では、逆にこうした知的好奇心が弱まるリスクがあるのかもしれません。ちょっと知らないことをスマホで知ることができる手軽さは便利に感じるのですが、それ以上の行動を起こす強い欲求を減らしているのではないでしょうか。一昔前なら、知りたいことがあれば、図書館でも行こうか、本棚の端から探してみようか、といった意欲が、そばにあるスマホで事足りてしまい、知的好奇心が萎えてしまいます。本当は文字による説明に満足してしまっただけで、実際に「知る」という感動体験がなくても、行動を完了させてしまいがちです。

食欲も手軽にスナックを食べて満たしてしまうと、強い飢餓感がなくなってしまうように、私たちの本来は強い欲求も、少しの好奇心をこまめに満たしていると、それで満腹になってしまうのかもしれません。

†感情は学びの敵か味方か？

かつて、学習において「感情」への期待はほとんどありませんでした。むしろ勉強にとって感情は、論理的に考えるという行為の邪魔になるものとみなされていました。感情を抑えて、ストイックに冷静に知識を習得することが求められたのでした。

私の受験生時代も、楽しいことややりたいことを封印しないと成績が上がらない気がしていました。好きな洋画を観るのも、遊びにいくのも我慢し、ストイックに生きることを勧めた啓蒙書を読んで自身を戒めたような記憶があります。

しかし、本当はどうだったのでしょう。楽しいことを封印したから成績が伸びたのか、成績が伸びたのは楽しみを封印したからという理由をつけていたからなのか、鶏と卵です。人気の店に2時間待ちで食にありついたとき、2時間待った甲斐があるほどこの店の料理を美味しいと思うのか、2時間待ったから、それだけお腹をすかせたので、美味しいと思うのかは、人によります。しょせんどちらが真実かは比較することはできませんが、いずれにせよ、客観的というよりはむしろ気持ちの持ちようの影響が大きいと思います。

少し脱線しましたが、いまでは、仲間と楽しく学べる社会的な子どもの方が、順調に学習が進み、学力も伸びてゆくことが明らかになっています。適度に、人と協力し、楽しさを覚えるような学び方をする方が、情報を消化でき、生きた力になりやすいことがデータでも明らかにされているのです。

感情が学びを阻害するのではなく、役に立っていることがわかってきました。もちろん、興奮しすぎたり凹みすぎたりしないよう感情を調節しながら学力につなげていくことが大切です。こうした点に注目する感情教育は、子どもたちが学業や人生において、望みどおりの結果につなげるための一つの重要な方法として注目されています（渡辺、2015／2016）。

†欧米発信の感情教育――「ソーシャルエモーショナル・ラーニング」SEL

1990年代のアメリカでは教育の世界においても、ドラッグ、暴力、性被害といったおびただしい数の問題が山積しており、それらを何とか予防できないかという議論が起こっていました。攻撃性の予防プログラムは、225校で12万人の生徒を対象にしたとも報告されています。警官によって薬物乱用防止のプログラムも実施され、1995年には、小学生から高校生までを対象に、550万人の子どもたちが受けたとも報告されています。

ところが、こうしたプログラムは、知識の獲得のみに焦点が当てられ、態度の変容を考えるような工夫がなされていませんでした。依拠する理論も明確でなく、介入の効果も検証されないままでした。

そのような雰囲気の中で、アメリカでは政府の方針で、落ちこぼれ防止法（No Child Left Behind Act, NCLB）が制定されたり、ゼロトレランスと呼ばれる厳格で罰則を強化した教育改革などが進められましたが、2000年代になって、感情コンピテンスや感情リテラシーが注目されるようになり、真の学力の向上が、社会性や感情の育成によって支えられるという意識改革が推し進められました（山崎・戸田・渡辺、2013）。

社会性の獲得や学習の効果を謳う感情教育のプログラムは、論文や書籍、ネットでたくさん紹介されてきました。ただし、学校教育の現場から見ると、あまりにも種類が多く、一体どれを使ったら良いかわからないという状況が続いていました。どのプログラムも目標や目的は良いのですが、本当に効果をあげているかどうか疑わしいものもあり、効果が高いものに絞る必要性と、その後ろ盾となる理論が求められたのです。

そこで、折り紙つきのプログラムを紹介しようという団体が1994年に設立されました。シカゴに拠点をおく非営利団体CASEL（the Collaborative for Academic, Social, and Emotional Learning）です。アメリカの実業家ジョン・フェッツァーが設立した民間慈善事業団体

（Fetzer Institute）が開催した会議に参加していた研究者、教育者、児童福祉関係者たちが、意気投合したことがＣＡＳＥＬ設立の発端でした（渡辺、２０１６）。

ＣＡＳＥＬは１９９７年、米国の歴史ある教育者団体ＡＳＣＤ（the Association for Supervision and Curriculum Development、１９４３年設立、本部バージニア州）とパートナーシップを結び、社会性と感情教育のためのガイドライン（Promoting Social and Emotional Learning: Guidelines for Educators）を刊行しました。そのガイドラインで強調されたのが、ＳＥＬ（ソーシャルエモーショナル・ラーニング、Social and Emotional Learning）の導入です。

ＣＡＳＥＬは、質の高い社会的な情緒発達のための学校教育を支援する目的でＳＥＬの研究を行っており、教育者や研究者だけでなく、スクールカウンセラー、政策立案者、地域のリーダー、家族、学生と密接に協力して、社会性と感情教育の普及活動を行う非宗教的な組織になっています。対象は生後6か月から18歳までを含めた10万人近い子どもたちを対象にしてきています。有名な学術雑誌にも成果が報告されており、多くの人たちに役立つＳＥＬのプログラムを提案しています。

図28　SELの5つのコアの概念図

(CASEL, 2017を参考に作図)

†SELの5つのコア能力とは

ＳＥＬとは、日々経験する困難やストレスを解決するためのスキル、態度、具体的な行動のための方法を教えるプログラムですが、その能力のコア(核)は、5つの能力(自己知覚、自己マネジメント、社会的知覚、関係づくりスキル、責任ある意思決定)に集約されるとされます(図28)。

①自己知覚(Self-awareness)

自分の気持ち、考え、価値観などを正しく認識する能力です。認識した自分の感情をきちんと区別できて、そのときに望ましい行動を理解し、具体的な方法を選択できるというものです。自分の姿を正しくとらえ、自分の強みを自信や自己効力感につなげるための力になります。

②自己マネジメント（Self-management）

状況に応じて、気持ちや考え、行動をうまく調節できる力をさします。自分のストレス、衝動性にうまく応答して、自身をやる気にさせる力とも言えます。

③社会的知覚（social-awareness）

多様なバックグラウンドをもつ他人の立場に立ち、共感する能力です。社会の基準やモラルを理解して行動するための基になります。家庭、学校、さらに地域のリソースや支援のあり方について認識することができます。役割取得、共感、理解の多様性、他者に敬意を示すことができる力も含まれます。

④関係づくりスキル（relationship-skills）

さまざまな人や集団と関係を構築して維持することができる能力のことです。コミュニケーションをとおした協力があり、不適切な社会的圧力には協同で抵抗することから、建設的に葛藤を乗り越えることができるようになります。

⑤責任ある意思決定（responsible decision-making）

個人の行動、社会的なやりとりを、道徳や安全性、社会的規範や関心に基づいて建設的な選択をする力のことです。様々な行動の結果について、また自分と他人のウェルビーイングを現実的に評価することができます。具体的には、問題は一体何かを同定し、状況を分析し、問題を解決するスキルです。

↑予防法としてのSEL

こうした5つのコアに基づいたSELによるプログラムは、子どもの人格形成や危機への免疫力を高めるために欠かせないものです。CASELは、その方法の体系化やルールをはじめ、実施にかかわる科学的な評価を行い、整理して発表するという役目を担っています(Durlak, 1995/Durlak, Weissberg, Dymnicki, Taylor & Schellinger, 2011/Zins, Weissberg, Wang & Walberg, 2004)。

SELは、なんらかの問題をもった子どもたちばかりではなく、現在では、すべての生徒を対象に、問題行動を予防する目的で活用されています。

CASELの分析によれば、児童期にコアの発達に問題があると、それ以降になってから感情的、社会的な問題が生じやすくなり、学力不振が生じやすく、成人後の仕事や結婚にまで支障を及ぼす可能性があるというのです。

たとえば、幼児期の年長さんくらいの年齢のときに、仲間と関係性をつくれないと、小学校に入学しても、友達や先生とうまくコミュニケーションできない事態に陥りやすくなります。最近の小中学校の授業は、アクティブラーニングというグループワークを活用した学習形態をとるので、その傾向がとくに顕著になってきました。

日本でも、ＳＥＬの研究会が設立されるなど、子どもたちの社会性や感情教育の育成を意図した実践についての関心が高まりつつあります。

†「あたたかい言葉をかける」という実践例

社会性と感情を意識した授業に学校全体で取り組むことは多くのメリットが明らかになっていますが、特に行動変容を目標にしたＳＥＬ授業は効果があります。対人関係の葛藤を解決したり、適切な行動を維持するための具体的な行動スキルを育てます。ＳＥＬでは一般に、ソーシャルスキル・トレーニングが活用されています。ソーシャルスキル・トレーニングは認知行動理論をもとにしており、インストラクション（説明）、モデリング（観察学習）、リハーサル（ロールプレイングなど）、フィードバック（アドバイスをもらう）、チャレンジ（他の場面への行動の一般化）といった技法を組み合わせる方法です（渡辺、２０１５）。

私たちの取組みをご紹介しましょう。ある小学校の生徒たちに2週間、「授業のはじめに友達にあたたかい言葉をかける」というスキルをターゲットにして、このソーシャルスキル・トレーニングを実践しました。

あたたかい言葉は、クラスメイトに自信を持たせたり、彼らとの信頼関係を築くのにとても大切なソーシャルスキルであることを説明し、具体的にどのような行動があたたかい言葉をかけるということなのか、よく見れば身の回りにあたたかい言葉を使える場面がたくさんあることなどを教えます（インストラクション）。たとえば友達の良いところを見つけます。ギャグがすべらない、計算が早い、掃除が丁寧など、すべての友だちに素晴らしいところがあることに気づかせます。思いつかない子どもには、いくつかの例をあげます。その上で、褒め言葉である、「すごいね」「大丈夫だよ」といった言葉がたくさんあること、難しい言葉ではないことを伝えます。

次に、あたたかい言葉によって友人関係がどう変わるのかというモデルを、劇やビデオで見てもらいます。「モデリング」の活用です。この際、あたたかい声がけがうまくできていないイメージを見せても良いでしょう。良い例と悪い例を見せると、行動のポイントがよくわかります。先生はポイントを板書して整理します。ここで、「先ほどのギャグ、上手だね、すごいよ」などと、友達の良いところに褒め言葉（ホカホカ言葉）を加えて、「あたたかい言葉がけ」

の具体的な行動をイメージできるように伝えます。

ただし、イメージするだけで実行できる児童は、そう多くありませんから、自分で体感できる「リハーサル」の時間をつくります。実際に、友達とあたたかい言葉をかけあう練習をし、照れなどのハードルを下げます。互いに、うまくできたことを「フィードバック」し合い、教員やクラスの中で褒められることで自信が高まり、いよいよ実行の可能性が上がります。

最後に、教室内だけでなく実際の生活でも実践できるように、「ホームワーク」を出します。チャレンジする気持ちで、次の授業まで、学んだことをやってみようとうながしました。

†フォローアップと、教師が心がけるSAFE

私たちの取組みでは、2週間の期間に、学んだスキルを実践していきましょうということで、フォローアップの期間を設けました。あたたかい言葉がけを可視化できるように2種類の条件を設定しました。

このソーシャルエモーショナル・ラーニングを実践した2クラスには、この2週間の間に、あたたかい言葉をもらったら、あるいは、自分があたたかい言葉を言えたときに、片方のクラスにはシールをポスターに貼り、もう一方のクラスにはハート型のスポンジをペットボトルに

図29　大学生の手作りのペットボトル製の入れ物

入れて、その累計がひと目で把握できるようにしました。

シールのクラスは、実践できたらポスターに貼りつけます。イラストつきのものを用意しましたが、好みによる差が出ないように、男女どちらでも手に取りやすいデザインを選定しました。シールを貼るスペースがなくなってしまった場合は、担任教諭が新しいポスターと交換するように依頼しました。

スポンジのクラスは、ペットボトルを切ってつくった入れ物に、シールの貼りつけと同様に実践できたらハート型のスポンジを入れることで可視化しました（図29）。

シールもスポンジも、使う際に誰かに声をかける必要はなく、自己申告です。シール・クラスとスポンジ・クラスの各担任教諭には実行成果と、その日にクラスで起こった出来事を記録してもらいました。どちらのクラスも1日の終わりにその日集まったシールやスポンジの数を帰りの時間に日直が発表します。クラスで成果を共有することで、全体のペースを全員がいつも把握するようにしました。果たしてその結果は、狙いどおりでした。

SELの授業によって、どちらのクラスの生徒も何もしなかったクラスの生徒よりも明らかに教室が明るく、好ましい雰囲気に変化したと評価したのです。さらに、シールとスポンジによる可視化の効果にも違いがありました。スポンジ・クラスの方が、シール・クラスより効果が大きかったのです。ペットボトル製の入れ物をハート型のスポンジが埋めていくほうが、シールを貼りつけるよりもクラスのあたたかさをいっそう印象づけたのかもしれません。私が、学校を訪れた日のことですが、日直さんが「今日、あたたかい言葉をかけた回数とかけられた回数の合計は、127回でした!」という結果を報告すると、小学2年生たちは歓声をあげ、「このクラスって、みんないいやつだ」という声が聞こえました。

SELの基本的なやり方は、ソーシャルスキル・トレーニングのアプローチをもとにしていますが、教師などの指導者が気をつけることは、「SAFE」の4つです。

「S」はシークエンス(Sequenced)で、「順序、連続」という意味です。子どもに行わせたい活動を、目標に向けてきちんと系統立てることが必要です。あたたかい声がけで教室の雰囲気を良くするために、「インストラクション→モデリング（劇やビデオの観賞）→リハーサル（事前の練習）→フィードバック（実践の可視化と評価）→ホームワーク」と系統立てるわけです。

「A」はアクティブ（Active）です。新しいスキルを学べるよう、アクティブに活動させます。「あたたかい言葉がけ」のワークでは、リハーサル、フィードバックに力を入れ、さらに、シールやスポンジによって、その効果をあげました。

「F」はフォーカス（Focused）ということで、目標や目的にしっかり焦点をあてます。

「E」のエクスプリシット（Explicit）を日本語で言えば、「明白な、明示的な」という意味です。ここでは教師の心がけとして、期待されていることを生徒自身がわかるように、明白に、具体的に指導することをさします。

†気持ちを可視化して感情力を育てる

米国では、子どもたちの興味を引きつけるＳＥＬ教材の開発や、わかりやすいプログラムの研究が続けられています。

イェール大学学長ピーター・サロベイらのエモーショナル・インテリジェンス・センターで

は、ルーラー（RULER）というプログラムが研究されています（Brackett, Elbertson, & Rivers, 2015）。Recognizing（認知）、Understanding（理解）、Labelling（識別）、Expressing（表現）、Regulating（調整）の頭文字です。これら5つのスキルを育むことで、感情知能の向上をはかるというプログラムです。

このルーラーを活用して開発された教材が「ムードメーター（Mood Meter）」（図30）です。ムードメーターは、不快から快までをX軸（横軸）とし、Y軸（縦軸）をエネルギーの高低とした関数のようなグラフで、感情を4つのゾーンに分けて可視化します。

実際には、児童が表現しやすいように4つのゾーンには色がついており、右上が黄色（快・エネルギーがプラス）、右下が緑色（快・エネルギーマイナス）、左上は赤色（不快・エネルギープラス）、左下は青色（不快・エネルギーマイナス）のゾーンを示した図です。

それぞれのゾーンが表す気持ちは一般的に、黄色（快・エネルギープラス）は「楽しい」「嬉しい」といった感情が入ります。同様に、緑色（快・エネルギーマイナス）は「まったり」「のんびり」といった気持ちです。赤色（不快・エネルギープラス）は「悔しい」「怒った」。青色（不快・エネルギーマイナス）は「がっかり」「凹む」という感情が入るのではないでしょうか。

この教材は、いろいろ工夫して使えますが、たとえば、簡単なゲームをすることで、自分と

図30　ムードメーター

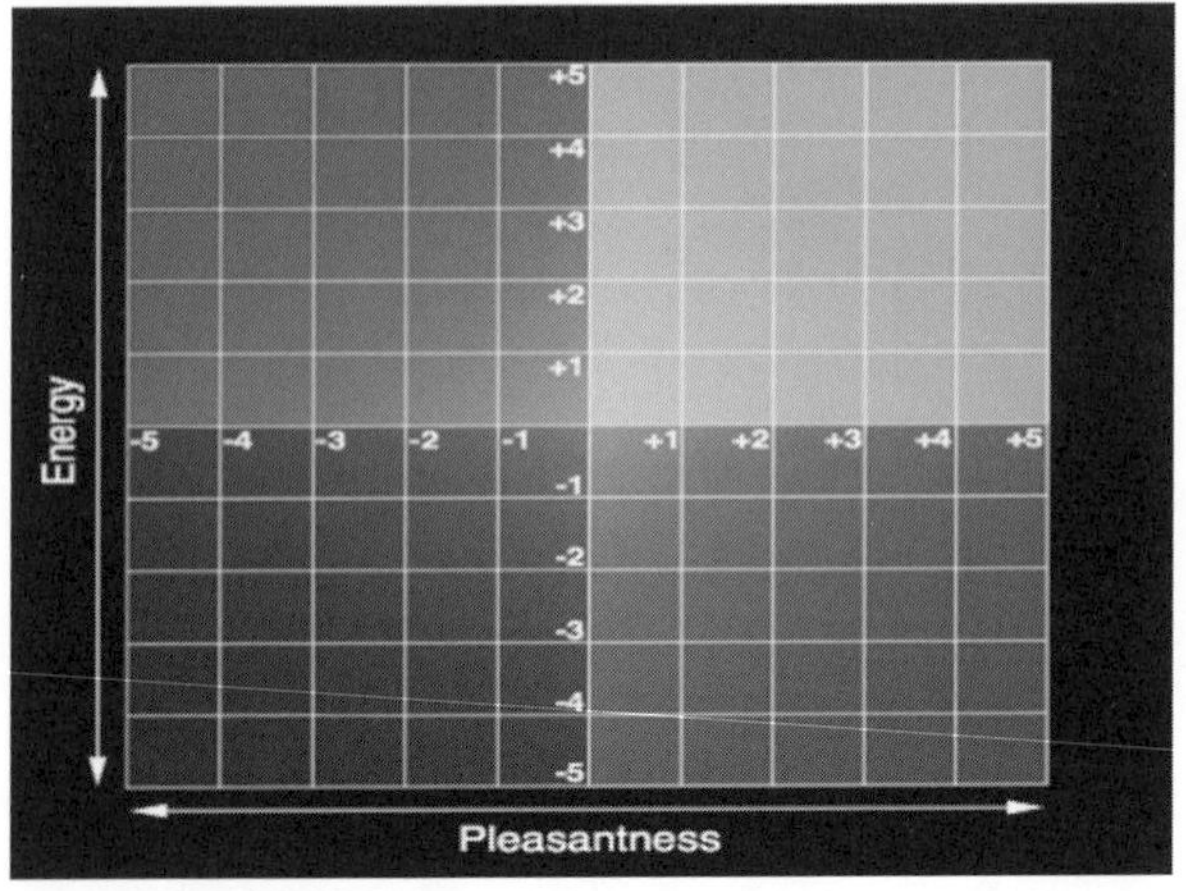

カラーでないので分かりにくいが、右上から時計回りに、黄色（快・エネルギープラス）、緑色（快・エネルギーマイナス）、青色（不快・エネルギーマイナス）、赤色（不快・エネルギープラス）のゾーンである（Yale Center for Emotional Intelligence）

他人の感じ方の違いに気づくことができます。

こんなワークがあります。「ドキドキ」「不安」「やばい」など、いくつかの感情を選び出し、どのゾーンに入るかを考えてもらいます。人によって曖昧な感情表現が、ルーラーのどの色のゾーンに入るかを選んで、その後、友達と比較させてみます。すると、同じ言葉でも、快不快やエネルギーの高低による差がでて、気持ちや感じ方に違いがあることを気づかせることができます。

ドキドキといえば、楽しいゾー

ン（黄色）だという人もいれば、緊張して苦しいゾーン（青色）だという人もいます。怒ったときの心臓の高鳴りをイメージした人は赤いゾーンに入れるでしょう。やばい、ムカつく、うざい、といった若者言葉で確認すると特に、使う人によって感情が大きく違うことに気づきます。たとえば、娘が嬉しい気持ちを母に伝えるために、ショートメールで「やばい」と書いても、母は何か悪いことが起きたのかしらと想像して心配になるかもしれません。状況がわかれば、大きな問題にはなりませんが、場合によっては、このミスコミュニケーションのせいで大騒ぎになることもあります。

ムードメーターを使った別のワークもあります。まずは、2分間に思いつく限りの感情の言葉をいろいろ思い出してもらいます。すると、自分の持つ感情のボキャブラリーが少ないことがわかります。その後それぞれの感情がどのゾーンに入るかやってみると、ふだん思いつく気持ちが偏ったゾーンにばかりあることに気づきます。不快な言葉の方が、快の言葉よりも思いつきやすい、あるいは緑ゾーン（快・エネルギーマイナス）の表現が意外と少ないなど、自分の特徴を知ることも期待できます。

今日一日の気持ちの変化をあてはめさせて考えさせることも興味深いワークになります。朝起きたときは、黄ゾーン（快・エネルギープラス）で目が覚めたのに、朝ご飯のときお母さんに叱られて、青ゾーン（不快・エネルギーマイナス）になったなど、状況や時間によって感情が変化している様子を可視化して実感することができるのです。

自分が不快になる原因に気づくことができれば、行動を変えることで予防することもできるようになります。考えてみると、今の子どもたちには、緑ゾーン（快・エネルギーマイナス）を大人が与えていないようです。

たとえば、子ども部屋が静かなとき、「何をしているのかしら?」と子どもが気になって部屋をのぞくと、子どもがベッドに寝っ転がってマンガを読んでいたら、親のあなたはどうするでしょうか。「また、サボっている」と声をかけないでしょうか。子どもたちを、早朝から休む暇なく夕方まで勉強して、家に帰っても明るく元気でテキパキという「黄色ゾーン」に押し込んでいないでしょうか。子どもたち自身も黄色のゾーンにいなければと緊張の連続です。

大人たちが求めている幸せの多くは、「穏やか」「のんびり」といった緑のゾーンを夢に描いていると言われます。ところが実際は、黄色ゾーンでい続けないと、といった脅迫的な状況に自らを追い込んでいるようなのです。ここで、一度、緑のゾーンの大切さを考えることが必要だと思います。

「メタ・モーメント（Meta Moment）」という教材（図31）は、感情マネジメントのスキルを学ぶのによく使われています。この教材はコミカルなイラストで描かれていますが、感情マネジメントのプロセス（モーメント）を俯瞰することができます。気持ちが翻弄されそうな状況をメタ的に俯瞰することで、いざというときに備えることができます。

つまり、どのような心理状態でどのような身体状況になるか、イラストを参考にしながらあらかじめ考えておきます。すると、そんな事態に直面したときにも翻弄されにくくなり、いったん立ち止まって考えることができます。たとえば自分がヒーローになった姿、その好ましい行動（ロールモデル）をイメージして冷静になって、問題解決できるようになるとされています。自分のヒーローのイメージを日頃から持っておくことが大事なことに気づかされます。

今の子どもたちの中には、自分の格好いい姿、ヒーローの姿を想像できない子どもが少なくありません。成功を重ねてきたイメージよりも、失敗を繰り返しているイメージの方が強かったりします。ですから、子どもたちが格好いい自分のイメージを持てるよう、日頃から成功体験を積み重ねさせるという支援も大切です。

図31　メタ・モーメントの教材

（Yale Center for Emotional Intelligence）

†マインドフルネスの流行

本章でここまで見てきたSELは、どちらかと言えば問題解決型の考え方で、感情についての知識を勉強して役立てようという、積極的な姿勢でした。これに対して、歴史に埋め込まれた東洋の知恵というべきアプローチがあります。目標を設定し、感情と戦い、感情を獲得し、感情を制御するという術を努力して獲得するというアプローチとは対象的な、むしろ「今、ここに穏やかに、その瞬間を意識しよう」というアプローチ「マインドフルネス」です。

マインドフルネスは、仏教が継承してきた教養や実践システムに組み込まれた念や気づきである「サティ（sati）」という瞑想の技術を、宗教的文脈から切り離して「パッケージ化」したスキルです。おもに瞑想の実践と、その際の考え方などですが、マインドフルネスは認知療法や行動療法など広範囲に応用されるので、総合的な精神療法と言えるでしょう。

仏教の「サティ」は、私たちが欲望や煩悩に翻弄され、苦悩に満ちた人生を歩んでいる現生を乗り越え、彼岸に至るための「覚り」を得ることを目的として行われる救済的な行法です。それを各個人が、現世でより幸せになるために抽出したものです。仏教の思想を、いわば世俗的文脈に持ち込んだものと言えます（藤田、2014）。

それでは、脈々と受け継がれていた仏教の思想が、アメリカに端を発する感情コントロールのムーブメントに結びついたのはなぜでしょうか。マインドフルネスの確立には、マサチューセッツ州立大学のメディカルセンターに勤務していたジョン・カバット・ジンの貢献が大きいと言われています。彼は、慢性疼痛に苦しんでいる患者を援助するために、彼自身が修行してきた仏教の瞑想法が役立つと考え、センター内で取組み始め、しだいにプログラムとしての有効性が実証され、普及しました。

彼のメソッドは、マインドフルネス・ストレス低減法（Mindfulness-based stress reduction, MBSR）という、8週間のプログラムで提供されています。大人の患者を対象とした臨床研究では、痛みの緩和、健康の促進、抑うつや不安の低減に明らかな効果が認められ、ストレス抵抗や免疫にも良い効果があると指摘されます。子どもや青年にも有益なことは明らかでしょう。

カバット・ジンはマインドフルネスについて、パーリ語の「ドゥッカ」という仏教用語を用いた「ドゥッカマグネット」という造語で説明しました。ドゥッカは「苦しみ」で、マグネットは「磁石」という意味から、「苦しんでいる人が苦しみからの解放を求めて引き寄せられてくる場所」が、ドゥッカマグネットです。

苦しみからの解放を求める患者が集まる病院は、ドゥッカマグネットの一つと考えられるわけです。今では、学校も会社も家庭も、様々な苦しみを抱えて引き寄せられるドゥッカマグネットと解釈して、実に多様な場所でマインドフルネスが取り入れられています。

曹洞宗国際センターの藤田一照所長は、マインドフルネスが取り入れられている幅広い分野を、仏教系、医療福祉系、運動系、ビジネス系、日常生活系として分類していますが、学校も教育系として一つ独立させることができるでしょう。さまざまな問題に悩む教職員や生徒たちに、マインドフルネスが応用されつつあるからです。

†マインドフルネスの思考

日本マインドフルネス学会では、マインドフルネスを、「今、この瞬間の体験に意図的に意識を向け、評価をせずに、とらわれのない状態で、ただ観ること」と定義しています。「観る」とは目で見ることだけに限らず、「聞く、嗅ぐ、味わう、触れる」の五感すべて、さらに五感によって生じた心の働きをも観る、という意味であるとされています。現在の経験への気づきという定義があります (Siegel, 2010)。

マインドフルネスにとって大事なのは、自分自身の感覚と、今ここに注意を向けること、また、いわゆる雑念を排除しようとせず、思い浮かぶことに対して悪いとかいいとかという判断をせずに、そのままにしておくということです。

数年前、カバット・ジン氏が来日されたとき、1日だけのワークショップに参加しました。まずは、呼吸を意識するトレーニングをしました。鼻の中を息が通ることを意識し、自分が生きていることを実感するためだったと思います。次に、目を閉じて（半目でも良い）、大空をイメージします。寂しいとか、不安だとか、気持ちが生じてきたら、雲に乗せて流していくようなトレーニングをしました。つまり、思い浮かぶ気持ちに良い悪いといった判断をしないで、意識を流していくといったワークでした。他にも、ボディスキャンという自分の気持ちを意識してスキャニングするといったことを学びました。

マインドフルネスの特徴は、二つに集約できます（藤田、2014）。

一つは、判断を加えないという視点です。自分が嫉妬に苦しんでいるとか劣等感を持っている、あるいは、怒りの気持ちを抱えているということに、今ここでのその経験に注意を向けても良いとされます。ただし、だから自分はダメなのだ、といった判断をする必要はありません。いわば、そのまま受容するというトレーニングをすることが求められます。

二つ目は、穏やかにこの瞬間を受容するというものです。これまでの一般的な問題解決のやり方は、目標を未来に設定して、達成するための方法を分析し、それを実行することでした。

これを「することモード」(Doing Mode）と考えると、マインドフルネスが強調するのは「なることとモード」(Being Mode）です。つまり、過去や未来をあれこれ詮索せず、今ここに注意を向けるということです。

マインドフルネスには「自動操縦状態」という考え方があります。この発想は、本書のテーマ「気持ちをマネジメントする方法」にとって、効果が高いものと思われます。

どういうことかというと、私たちは習慣というのが大げさならばルーティンで、だいたい同じ行動を、日々繰り返しています。朝起きたら洗面所に歩く、家族の顔を見たら「おはよう」と言う、毎朝のチャンネルは同じテレビ番組、同じおかずの朝食をとり、戸締りをして家を出るという具合に、意識しなくても同じような順番で自動的に行動します。会社や学校で苦手な人がいると視線を外す、外に出るとうつむき気味に歩く、椅子に座ると貧乏ゆすりをするなど、知らず知らずに、ある刺激に対して同じ反応をします。

癖のように、いちいち考えずに行動できることは、面倒なく生活できるわけですから良いこととも言えます。しかしいつもと異なり、気持ちが高ぶって怒鳴ってしまったり、思わず涙が出てきたりといったことがあるとすれば、意識しないままストレスを抱える方向に生活してしまっているかもしれません。これでは精神状態は、自動的に悪化してしまいます。

マインドフルネスでは、意識的に、いつもの刺激といつもの反応の間に、スペース（隙間）を入れます。何か刺激があったときに、それを意識していったん立ち止まってみます。外に出たらいつもうつむいて歩いてるけど、意識して、背筋を正してみるといった具合です。

誰かに何かを言われたら、いつも言い訳や口ごたえをしていたが、意識して、口を開く前に心の中で10秒数えてみようなど、いつもと違うことをあえてやってみるわけです。

そうやって意識することが、やがて「気づき」につながり、悪循環の連鎖を断ち切ることにつながるのです。

†子どものマインドフルネスは遊びの中で

マインドフルネスは、今や、幼児教育から大人まで、ありとあらゆる人を対象に開発されていますが、実践としては、「呼吸法」「食べる瞑想」「静座瞑想法」「ボディスキャン」「歩行瞑想法」「日常瞑想法」などがあります。

教育現場にマインドフルネスを取り入れるにはどうすればいいでしょうか。その時々の刺激と反応の間にスペースを入れるという意識の仕方は、子どもたちには難しそうに思えます。

ところが実は、子どもたちは、大人よりもむしろ「今、ここで」を生きていて、マインドフルな状態にあると言えます。むしろ、大人よりも過去や未来の思惑にとらわれず、目の前の様々な状況に対してすごい集中力で働きかけているとも考えられるのです。

とは言え、近ごろの子ども世界は様変わりしています。自由に遊ぶ時間が少なかったり、一緒に遊ぶ仲間を近所に見つけられなかったりすることが少なくありません。自由に遊べる空間も減っているなど、かつてに比べて制約が多いのは確かです。

さまざまなストレスを抱える子どもに対して、そもそも彼らに備わっている感覚を十分に味わい、楽しみながらストレス耐性を育てていけるようなトレーニングも開発されています。子どもであっても能動的に注意を向けることで、マイナス思考やネガティブ感情が襲ってきても、それらから心理的な距離を置けることがわかっています。すると、自分をモニタリングして自身をコントロールできるようになる「メタ認知」の力がはぐくまれる可能性が示唆されています（林・玉瀬、２０１６）。

ただし、子どもを対象としたマインドフルネスは治療目的でなく、ゆったりとリラックスした時間を持ってもらうということを目的にします。ルールに縛りつけるのではなく、むしろ遊びのような形で取り入れることが望ましいでしょう。

†呼吸のマインドフルネス

呼吸を整えることでストレスが軽減することはよく知られていますが、医学的には自律神経との関連性が検討されています。自律神経が乱れると、原因不明の体調不良に陥りやすくなります。

マインドフルネスの呼吸法はいくつかあります。それらの呼吸法の教授だけでなく、効果の観測や理論化など体系的な取組みがなされています。具体的には解説書などをご覧いただくとして、たとえばその一例「マインドフルネス3分間呼吸空間法」の概略をご紹介しましょう。これは、1分に1ステップ、合計3分3ステップの呼吸法です。

①深呼吸しながら目を閉じます。いろいろなことが頭に浮かびますが、それを打ち消そうとする必要はありません。さまざまな感情や感覚を自覚して体が緊張したり不快な気分になるかもしれませんが、そうした気持ちに気づくことが目的です。横になって行っても座っていても立っていてもかまいません。

②次の1分では、呼吸に注意を向けます。体に空気が入り出て行く感覚、お腹が膨らんだり縮んだりする様子を意識します。

③最後の1分は呼吸を意識したまま、全身の感覚にも注意を向ける時間です。顔、首、肩、腕、……と、体の一部分ずつに注意を向けていきます。こうしているうちに、さっきまで頭に浮かんでいた執着が解き放たれていくことが自覚できます。

子どもに実践させる場合、先述のようにリラックスすることが目的ですから、ルールにしばられてしまうと逆効果になります（大人でも固執（こしゅう）することは良くないですが）。3ステップも、3分以内に限らなくていいでしょう。

マインドフルネス呼吸法のやり方は多様に考えられます。大きく呼吸することがうまくいかない場合は「目の前にローソクがありますよ。その火を消しますよ。ながーく息を吸い込んで、ゆっくりゆっくりゆっくり消してみましょう」と言ってみます。あるいは、仰向けになってゆったりしているときに、お腹に手を当てさせて、お腹が凹んだり膨らんだりするリズムを自覚させる、しばらくやらせてみてお腹の感覚がつかめていなさそうならば「カエルになってみましょう。カエルが息を吸ってお腹が大きくなっていくのを想像しましょう」という具合に、子どもたちがイメージしやすいように工夫するわけです。風船や、おもちゃを活用して教えている人もいます。

†五感に働きかけるマインドフルネス

「食べる」マインドフルネスがあります。アメリカではレーズンを用いて行われることが多いのですが、食べ物のいろいろなことを発見し、じっくり味わって食べることから、美味しさを再認識して幸せな気分になろうという実践です。

まず、食べ物をしっかりと味わうためにスローモーションで食べてみようと、子どもに誘いをかけます。その外見はどんな形だろう、触れたらどんな触り心地かな、どんな香りがするかな、というように、ゆっくりと順を追って、じっくり観察させるようにします。それからやっと口に入れて、味や、噛みごこちや、飲み込む際の感覚を意識させるという方法です。

レーズンに限らず、チョコレートが使われることも多いようです。チョコレートの包装紙をじっくり見る、包装紙から出すときの音を聞く、チョコレートの形・色・匂いを観察する、ゆっくりと味わって口の中の感覚を確かめる、……というように、五感のすべてに注意を払いながら、チョコレートがすっかり溶けてしまうまで口の中に入れておくようにします。

「聴覚」のマインドフルネスならば、ベルなどを用いるのが一般的です。ハンドベルの音に注意を向けさせて、音の余韻が完全になくなったら手をあげるように求める方法がよくとられます。聴覚を研ぎ澄ませて、どんな音が耳に入るか全神経を集中させます。こういった練習から、ふだん気づかなかった鳥のさえずり、虫の声や草木が風に揺れる音などを楽しむマインドフルネスです。

マインドフルネスの実践は、落ち着いてゆったりした精神状態、集中力のトレーニング、ストレス耐性の獲得に役立ちます。そして子どもはもちろん、親にとっても同様です。学童期の子どもの問題行動の背景には、親の子育て不安や不適切な関わりなどがあることは少なくありません。

親がリラックスして子育てを楽しむことは、子どもの感情の安定に不可欠です。そのためには、子どもとのコミュニケーションに注意を注ぎ、日々の忙しさから子どもに目を向けていない子育て状況を変えていく必要があります。子育てのプロセスでいろいろな感情が生じます。その中には、思わず子どもを怒鳴ってしまうとか、子ども以上に泣きわめいていたという母親の声をよく耳にします。そうした行動を反省するのはいいのですが、親が子育てする自分を卑下するようになると、むしろ悪い方向へ進むことがあります。頑張りすぎが悪循環につながるのです。

一方、マインドフルネスなどで自分の感情をしっかり意識化できるようになると、パニック

図32　マインドフルネスによって、変化する親の行動

5つの次元	促進されること	低減すること
(1) 全ての注意を向けた傾聴	・子どもの行動の些細な手がかりを正しく識別する ・子どもが話す言葉を正確に聞き取る	・頭の中で構築した考えや期待
(2) 自分と子どもを価値判断せず、受容すること	・子ども志向、親志向、親子関係志向の目標の間の健全なバランス ・子育てへの自己効力感 ・子どもが持つ性向への理解	・自分にばかり関心が向く傾向 ・子どもが持つ特性（性格や能力）への非現実的な期待
(3) 自分と子どもの感情の意識化	・子どもの要求と情動への対応	・子どもの情動を撥ね退ける ・親の強い否定的な情動（怒り、失望など）による躾
(4) 親子関係におけるセルフコントロール	・子育てにおける情動のコントロール ・目標や価値と一致した子育て	・条件反射的で「自動的」な躾 ・子どもの情動への依存
(5) 自分と子どもへの共感	・親子関係における肯定的な感情 ・自己の子育ての努力への寛容な見方	・親子関係における否定的な感情 ・子育ての目標が達成しない際の自己非難

（吉益ら, 2012より）

状態になったり取り乱したことで下がり続けていた自尊心を取り戻す、あるいは「けっこう私は頑張ってる」と、自分を受容できるようになります。

マインドフルネスの実践が育児にどのように影響するか、研究の成果をまとめた内容が図32です。それによると、自閉症を持つ母親への介入では、子どもへの攻撃性が低減し、親の満足度が高まったことがわかります。また、薬物中毒の親への介入では、親自身の感情の制御ができるようになったなどが報告されています（吉益他、２０１２）。

†ポジティブ心理学

自分の感情と上手に付き合う方法は、もちろんマインドフルネスだけではありません。まず行動し、そこから得られる結果をもとに意思決定をす

るほうが良いという「プラグマティズム」の新潮流があります。

プラグマティズムとは、19世紀後半に登場した哲学のことで、心理学の分野でこれを提唱したのは第一章で紹介したアメリカの生理学者ウィリアム・ジェームズでした。彼は1910年に『プラグマティズム』という本も刊行し、ジェームズの理論は、長編小説『ユリシーズ』で有名なジェイムズ・ジョイスにも影響を与えたと言われます。

プラグマティズムとは、経験できないことは真理を判定できないとして「実用主義」とも訳される、いかにもアメリカ的な哲学ですが、ウィリアム・ジェームズも「自然に感じる心の反応」を大切にすること、そして「実際に行動すること」が重要であると述べました。

自分次第で人生は変えられるのだ、心が変われば行動が変わるのだ、行動が変われば習慣が変わるのだ、習慣が変われば人格が変わるのだ、人格が変われば運命が変わるのだ、ということです。

本書ですでに紹介したように、私たちは悲しいから泣いて、怒るから愚痴を言っているのではなく、泣くことで悲しくなり、愚痴を言うことで怒りの感情を高ぶらせている、というジェームズの発想には、あらためて多くの学びがあります。この指摘には、ポジティブな主観的体験の重要性や、個人が人生をよりよく生きていくために健康をうながす文化を創造することが大切だということも内包しています。

アメリカ心理学会の会長も歴任したマーティン・セリグマンは、心理学が人間の素晴らしさを高め、さらに充実させることを忘れていたと自戒するスピーチをしたことがありました。そうして彼は「ポジティブ心理学」の金字塔を打ち立て、それに影響を受けた後続の研究者や実践家たちはポジティブ感情、ポジティブな性格、といった「前向きな心理学」の研究を積み重ねています。具体的にはレジリエンス、楽観主義、ウェルビーイング、幸せなどについての研究です。2007年に国際ポジティブ心理学会が、日本でも2011年に日本ポジティブ心理学協会が設立されています。

感情に翻弄されないための心理学という本書の趣旨からすると、セリグマンが抽出した「PERMA（パーマ）」というモデルを紹介しておくべきでしょう。これは幸せを構成している5つの要素のことをさします（図33）。

パーマの筆頭に挙げられているPは、ポジティブ感情（Positive emotions）です。私たちの人生の選択において、自分の気持ちを最大限に満足したものにすることをさします。以下、Eは物事への積極的なかかわり（Engagement）、Rは他者との良い関係（Positive Relationships）、Mは人生の意味や意義の自覚（Meaning/Meanmg and Purpose）、最後のAは達成感（Accom-

図33　幸せを構成する５つの要素 PERMA

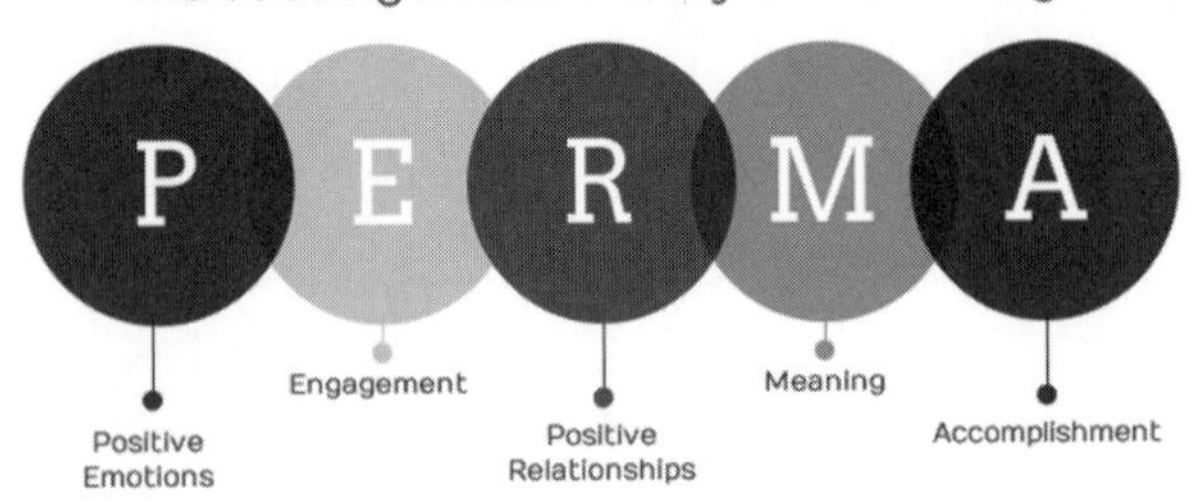

Positive emotions（ポジティブ感情）のP、Engagement（物事への積極的なかかわり）のE、Positive Relationships（他者との良い関係）のR、Meaning（人生の意味や意義の自覚）のM、Accomplishment（達成感）のAの５要素。（Positive Psychology Theory, Authentic Happiness, The Trustees of the University of Pennsylvania）

plishment/Achievement）のことです。

†キーワードはレジリエンス

このパーマ・モデルをベースにした、ポジティブ教育の実践方法も具体的に考えられています。多くのパーマのカリキュラムが目標とするのは「レジリエンス」という概念を育てることです。これは、２０１３年のダボス会議で、国際競争力が高い国は、レジリエンスも高いという評価がされたからだそうです。

主に先進諸国では、あらゆることが変化する現代、国内外の競争が激化しています、困難や逆境にありながらも、期待されるパフォーマンスを発揮できる人材が求められています。大人に限らず、子どももそうです。

レジリエンスとは、そうしたストレスフルな状況に柔軟に対応し、失敗を成長へと導く力、粘り強さ、回復力と定義されています。「心が折れない」という表現がありますが、レジリエンスは心が折れないだけではなく、折れそうになっても元に戻せる復元力も意味します。ヤナギの木のようと言えばいいでしょうか。暴風雨に揺らされてもポキッと折れることなく、しなやかに耐えられ、少々ダメージを受けても元へと回復できる力です。

いまやレジリエンスは、日本国内でも、教育だけではなくビジネスの世界でも、人材支援や、研修スタイルに取り入れられています。いくつか取組みを紹介してみましょう。

†スリーグッドシング・エクササイズ

セリグマンとペンシルベニア州立大学が行ったストラスヘブン高校におけるプログラム(The Strath Haven Positive Psychology Curriculum)は、レジリエンスを育てることに重きを置いたカリキュラムです。80分のセッションを20回、1年かけて実施されました。自分や他人の長所ともいえる強み(strengths)、関係性とその意味に気づくことで、ポジティブな感情を育て、ネガティブな感情を減らすことを目的としています(Seligman, et al, 2009)。

たとえば毎日、その週に起きた良いことを3つ書く(Three-Good-Things Exercise)というエクササイズがありました。たった3つでも毎日書き続けるのは大変だと感じるかもしれませんが、大したことでなくていいのです。今日は英語の時間に難しい質問に答えられた、歯磨きができた、なんてことでもかまいません。

書き留めた〝いい出来事〟の隣には簡単な質問が添えられています。「なぜこんな良いことが起きたのだろう」「このことは、あなたにとってどんな意味があるだろう」「将来、このことはあなたにとって、どう影響してゆくだろう」などについて、感想を書き入れます。

このエクササイズによって、自分の強みを見つけられるようになると、自尊心が高まります。誠実だ、忠誠心がある、忍耐強い、想像力が豊か、親切、勇気がある、公正だ、といった強みを自覚すれば、誇りとなります。人と比べることはありません。こうした強みを自覚していると、危機的な状況に直面しても、強みを活用して乗り切れるようになります。同じように、自分だけではなく、友達にはどんな強みがあるか日頃から注意を向けていると、人生は満足のいくものだと考えられるようになります。

このプログラムに参加した子どもたちはみんな楽しそうだったそうです。さらに、書くということの楽しさも知るようになり、結果的に、共感、協力、主張、セルフコントロールなどのソーシャルスキルが上がり、ふだんの行動も望ましいものになったと報告されています。

†スパークレジリエンス・プログラム

国際ポジティブ心理学会理事のイローナ・ボニウェル博士が提唱する認知行動療法をベースとしたスパーク（SPARK）レジリエンス・プログラムは、日本でも知られてきています。

図34　スパークレジリエンス・プログラム

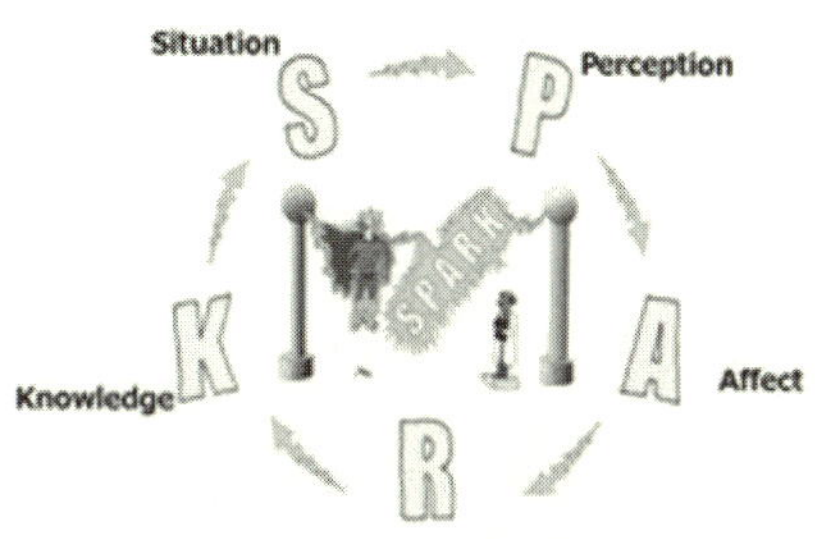

Sは「出来事(Situation)」、Pは「とらえ方(Perception)」、Aは「感情(Affect)」、Rは「反応(Reaction)」、Kは「認識(Knowledge)」の頭文字
(日本ポジティブ教育協会ホームページより)

プログラムの土台となる、スパークのSは「出来事（Situation）」、Pは「とらえ方（Perception）」、Aは「感情（Affect）」、Rは「反応（Reaction）」、Kは「認識（Knowledge）」のそれぞれの頭文字です（図34）。日本ポジティブ教育協会の鈴木氏から直接お話を聞いたことがありましたが、日本でも取り入れられています。

私たちは何かが起きると、それを悪くとらえる傾向があります。ああやっぱりダメだといったネガティブな感情から攻撃的になったり、人生は悪いことばかりといった諦念を深めたりしがちです。とくに困難な状況にあるのが子どもの場合、それは間違っているのだと教えるのは難しくなります。

そこで、スパークレジリエンス・プログラムでは、悪い方へ悪い方へと考えてしまうのは、あなたの肩に乗っていらないことを吹聴してくるオウムのせいなのだというイメージを子どもに与えます。イラスト化した7羽の「ネガティブオウム」にマイナス思考を仮託して、子どもの受け止め方、感じ方を変え、期待される行動へと導いていくためのプログラムです（Pluess, Boniwell, Hefferon & Tunariu, 2017）。「非難オウム」「正義オウム」「敗北者オウム」「心配オウム」「あきらめオウム」「罪悪感オウム」「無関心オウム」の7羽です。日本の学校でも、このプログラムの効果は報告されています。

「どうせ君なんかダメだよ！　できるわけないよ！」という気持ちになりやすい子どもは、あきらめオウムが肩に載っているので、あきらめオウムを追っ払う方法を考えさせます。そして、「これはできないかもしれないけれど、別のことはできるかもしれない」といった声を出せるように練習します。すると、ちょっと前向きな気持ちになり、それまでとは違った行動がとれる可能性が高まっていくのです。

†エモーショナル・アジリティ

ポジティブ心理学の推進者の一人であるハーバード大学のスーザン・デイビッドは、「レジリエンス」ではなく、「エモーショナル・アジリティ」という方法で、ネガティブ感情に焦点をあてています。アジリティとは、機敏さとか敏捷性という意味です。日本の企業でも「経営や組織のアジリティ」などと使われます。

彼女は、人類の歴史は数百万年間にわたる試行錯誤のおかげであり、それは恐怖、不安、喜び、高揚感といった感情によって起こったものであると強く唱えます。多くの人が日頃は感情に無頓着で、正しい理解も明確な目標もなく、その場しのぎの対応しかしていないと指摘します。豊かな人生を送るためには、自分の感情をもっと意識的にとらえて受け入れ、折り合いをつける術やコツを身につけるべきだとし、感情への対処の仕方を「感情の敏捷性」と呼んだのでした。

エモーショナル・アジリティは、感情を柔軟に調節するという意味を含んでいます。ちなみに、どうせ他人は自分を傷つけてくるといった、エモーショナル・アジリティとは反対の頑なな態度は「感情の硬直性」と名づけられています。

スーザン・デイビッドは、ポジティブ心理学を学ぶときに、なにもかもポジティブに考えよう、とらえようとすることは誤解であると言います。つまり、直面した事態について、何でも肯定的にとらえようとすると、目の前のものをきちんと見られなくなりがちです。どこかで無理が出てきて、うまく乗り切れなくなるのです。

エモーショナル・アジリティの考え方は、感情に向き合うための4つのステップを紹介しています。詳細はスーザン・デイビッドの『EA ハーバード流こころのマネジメント――予測不能の人生を思い通りに生きる方法』、須川綾子訳、ダイヤモンド社(2018)に譲りますが、その4ステップを列記しておきましょう。

①向き合う……好奇心を持って自分の抱えている感情に向き合う
②距離を置く……その感情から少し離れてありのままの姿で受け止める。ただの考えや、そういう感情だという受け止めをする
③理由を考えながら進む……考えと自分の間に隙間をつくり、本当に大切なことは何かに集中しながら、理由を考える。解決法を探る
④前進する……小さな工夫の積み重ねを考えるのも良いが、挑戦することと現在の自分の能力とのバランスをとりながらシーソーのように前に進むことを考える

スーザン・デイビッドは、ポジティブ感情ばかりでなく、人が避けたがるネガティブ感情にも、いくつもの効用があると言います。

①議論を組み立てるのに役立つ……具体的で的確、現実的に検討するためには、多少のネガティブな感情がある方が正確にできる

②記憶力が向上する……そよ風のときよりどんよりした日の方が記憶が良いという研究もある。また、機嫌が良くないときの方が記憶力はいい

③粘り強くなる……最高の気分に浸っているときにさらに頑張ろうと思わないように、辛いときの方が粘り強くなる

④丁寧さと礼儀正しさが増す……慎重で思慮深くなる

⑤道義的意識が高まる……公平さに対する意識が高まる

⑥確証バイアスに陥りにくくなる……腹を立てていると、対立する記事を多く読む傾向にある。自分の信念をさらに裏づけるというバイアスに陥ることが少ない

このように、ネガティブな感情を持つことは、自分をせめたり、苦しいものですが、少し振り返ってみると、自分のためにも、他人のためにも実は大切な体験と言えるように思います。

良いことばかり続くと、調子に乗りすぎたと後になって反省することが少なくないですが、嫌

なことがあることで、深く考える、慎重になる、謙虚さを思い出すなど、生きていく上では大切な感情を呼び起こすことができ、バランスがとれるようになるものです。

第六章

場所アイデンティティと感情

†場所アイデンティティ

本書ではここまで、気持ちが不安定になったり、攻撃的になる原因を、「心」のあり方に求めてきました。風の日も雨の日も心がけ一つなのだという考え方です。一方で、私たちの心は、周囲の環境から少なからず影響を受けています。とりわけ対人関係のしがらみや他人の言動からの影響は、自分だけ足掻(あが)いてもどうしようもありません。心がけ次第だといわれるとストレスがもっと高まるでしょう。

ですから、環境を変えてしまおうという考え方もあります。心のあり方に影響を及ぼす状況に働きかける方法です。手っ取り早く気持ちが変わる、心を切り替えられるという点では、転職や引越しなどによって、環境をがらりと変えてしまうことも一つです。もちろん一般的には、仕事や住まいをそうたびたび変えられないので、結局は部屋の模様替えなどで気分を変えることもあります。

対人トラブルの場合であれば、なんで相手ではなく自分が転職したり、引っ越さないといけないのか憤慨して、意地でも動かないという人もいるでしょう。代々祖先の土地を守ってきたという思いが強い場合には、そこで共に生活した共同体の歴史の上に築かれた家や土地から、そう簡単には動けないと思います。じつはここに、感情の安定や感情と場所のつながりを考えるヒントが隠されています。

「場所アイデンティティ」という言葉があります。自分らしさを感じることのできる、愛着のある場所を表現したものです。自分の居場所であるという安心感を私たちに与えてくれる「空間」のことです。単なる物理的な空間ということではありません。そこにある目に見えるものから、見えない雰囲気というものまでを含めた空間です。

たとえば、こだわりの喫茶店やカフェの人気が高まっています。そうしたお店はコーヒーのブランドや淹れ方だけでなく、店構えも重要です。店内の広さ、照明の明るさ、壁の色彩、椅子の座り心地、カップの模様や調度品など、好みは人それぞれですが、過ごしやすいデザイン、相性の良さが、私たちに「居場所感」を与えてくれるのです。個人的な話で恐縮ですが、私は原稿をカフェで書くことがよくあります。コーヒーが好きなだけではなく、1日の中で、ほんの少しの時間で良いので、カフェで寛ぎたく思っています。ですから、自分の好みの場所を探すのに意外と時間をかけています。どこでもいいから、手っ取り早く入って長く滞在した方が体を休められるという考えは合理的ですが、愛着の感じられる場所探しに時間をとってしまうのです。

場所アイデンティティが関係するのは旅行でも同じです。人によって千差万別かもしれません。美しい街並みを散策したいのか、リゾートホテルでゆったりしたいのか、普段味わえないアドベンチャーの体験がしたいのか、歴史や語学や建造物などの勉強がしたいのか、ボランティアや社会貢献がしたいのかによって、旅の目的地を考えるのに時間をかけます。自分の気持ちを叶えるような、自分らしさを強めてくれるような場所アイデンティティを求めて選んでいます。

場所アイデンティティの観点からすると、職場や学校は本来、できる限り居心地のよい場所であるべきです。しかしこれは、個人の思い通りには滅多になりません。現実には私たちの身の回りは、愛着の持てる空間ではないケースがほとんどです。自宅を考えればわかりやすいでしょう。家庭の雰囲気をよくし、日々の仕事や学習に邁進するには、家計の許す限り、できるだけ照明やカーテンや内装に気を遣って、リラックスできる環境づくりをすることがいちばん有効です。自宅はある程度、努力しだいで居心地のよい場所にすることが可能です。

学校の教室はどうでしょうか。オフィスの空間はどうでしょうか。学校を例にとって考えましょう。日本の校舎は無難な色彩で統一され、よく言えば飽きがこないとも思えますが、活気を感じる雰囲気ではありません。戦後の復興で、画一的な鉄筋コンクリートの校舎が急ピッチで建てられました。ベビーブームと呼ばれる生徒の増加だけでなく、関東大震災などの過去の経験から燃えない、倒れない建築という時代の要請もありました。各学校の個性だとか、子どもの視点に立った空間の吟味などに時間的にも経済的にも余裕がなかったのです。

ヨーロッパの学校を訪問すると、家具の種類も素材も機能も、洗練されている気がします。床の素材から可愛らしいテーブルクロス、カーテンの生地、心地よさそうなソファまで、色彩が子どもの発達に大切だと、色を楽しむ工夫がされています。非日常的な（学校という）空間を、子ども目線から、慣れ親しんだ家庭のような居場所感を与える工夫が大切だという指摘もあります（鈴木、2006）。

日本でも私立学校には機能性やデザイン性を備えた校舎はありますが、公立校ではいまだに、従来型の学校建築が一般的です。建て替えの時期になり、新しい校舎になっても、他国に比べると教室のデザインは質素なほどいいという感覚は根強いように思います。色彩は少なく、デザイン性のない閉ざされた空間。冷たそうな材質の床。整然と、しかし、ぎっちり詰め込まれた机と椅子。少し高くなった教壇、そこに置かれた教卓と、壁の大きな黒板。まさに我慢の場です。色や形を楽しむとか、わくわくする空間づくりといった発想が少ない気がします。

†場所と遊び心

一昔前の教育は、教師が心を鬼にして子どもたちを鍛え、子どもは過酷さに耐えて頑張ることで強さにつながるとイメージされてきました。子どもは風の子という言葉は、寒くても子どもは戸外で遊ぶほど元気なことですが、なぜか、寒くても半袖半ズボンでいなさい、という教育指針につながったような時代もありました。エアコンがない大人側の事情をしのぐためにちょうど良い精神論だったのかもしれません。そうした色合いの濃い昭和から、平成へと変わるくらいから一部のスパルタ熱はゆるまってきていますが、問題行動や学習意欲低下の原因を、すべて「心の弱さ」に求めることは、抜本的な解決にはつながらないでしょう。

同時に、学校はリラックスし、気をゆるめる環境にすると勉強を妨げてしまう、といった根拠のない考え方がはびこっているように思います。

昔から、「よく遊び、よく学べ」ということが言われてきました。十分にリラックスすることが、学びを推し進めることになるのです。「よく遊ぶ」プロセスの中に、人生での学びの要素がたくさんあるのです。英語でも同じ言葉があります。オックスフォード・ディクショナリーの引用をみると、1659年の出典があります。All work and no play makes Jack a dull boy. (J. Howell, Proverbs)。直訳すれば、仕事や勉強ばっかりして遊ばないと面白みのない人間になる、という意味です。解釈は文武両道とか、遊びと勉強や仕事はバランス良いことが大事という説明が多くあります。

遊ぶことを推奨しているこうした解釈でも、遊びは、学びの時間ではないこと、無駄に時間を潰すことと思わせてしまうところがややあります。おそらく「遊び」という言葉の使い方が、仕事や勉強と対立する意味合いで受け止められやすいからでしょう。ところが、本来、人は遊ぶことで、くつろいだ気持ちになり、本当の自分になろうとする力を実現しようとします。

自分で決断を下し、自分に対峙し、連続する体験の中で、言葉を持たない赤ちゃんのときから感覚的に、直感的に考え、そして行動しています。そうした経過の中で心理的な成長を遂げ、やがて個性を発揮し始めるのです。遊びは、人生においては深い学びの時空です。身体機能を高め、想像力と創造力というダブルの力を伸ばし、思考力を育み、感情調節を体験する場でもあります。遊びと学びは本来、対立関係ではなく、重なるものなのです。

自分を十分に感じられ、成長させてくれる場所にいられると、しだいに心は充電されます。満たされた気持ちから、探究心、冒険心、いたずら心がわき、やがて、未知のことを学びたいというわくわくとした気持ちが頭をもたげてくるはずです。「よく学び、よく学べ」では、疲れ果てることは目に見えています。

†子ども目線で見える化、学校をデザインする

失敗は成功のもと（Failure is a stepping stone to success.）も大事な心構えです。失敗とは、無邪気に思ったことを試行錯誤できる時間と空間をもらえるということです。1回で、他人が求める成功を遂行しなければならないとしたら、その場所にいると悪意さえ感じることになるでしょう。

特に、未来のある子どもたちにとって、何よりも学校を、安心できる場所、自分が出せる場所にすることが大切です。安心できる、自分を出せるということは、繰り返し失敗もできる、受け入れてもらえるという場所である必要があります。子どもたちとかかわる大人にとっても、校舎という物理的な空間の居心地をよくして、子どもたちが居場所だと感じられるようにする対策が必要です。

ここは自分たちの場なのだ、という愛着を持つことは、子どもの問題行動を減らす予防に役立つはずです。それでは、自分らしさを探求できる、失敗も受け入れてもらえるといった教育空間はどのような空間なのでしょう。

日本の学校建築は、明治時代から、教室を直列に連続させ、その北側に廊下を配置するという北側廊下型の校舎を全国一律に整備するという方向で始まったそうです。北側を廊下にするということは、教室の窓を南側にして、太陽の光を入れようとした計らいのように思います。公平性が大切ということで、標準化、画一化されてきました。勉強の効率や、経済的に貧しい時代にたくさんの子どもに公平に早く校舎を造らなければならなかった事情があり、子どもの心の発達を考えての細やかな建築は難しかったのでしょう。

それでも、昭和になり、建物が老朽化し、子どもの気持ちや自発的な学びへの関心が高まり、建て替えや都市整備計画のタイミングで、オープンスペースや総合的な施設を含めた計画がなされるようになりました。学びの根拠地として四角い囲われた教室重視の考え方が未だ強く残る一方で、教え方や子どもの状況に応じた空間を自由に作り出せるオープンスペースが必要だと主張する取組みがなされ始めています。

とりわけ今は、自由で対話のあるアクティブラーニングの活用が強調されています。ある小学校は、オープンスペースを利用して、畳を敷いた空間をつくりました。たった4畳ですが、子どもたちは寝転がったり、カード遊びをしたり、ぺちゃくちゃおしゃべりしたり、休憩したりする姿が観察されました。子どもたちの知恵によって、思い思いの使い方がなされ、畳のスペースはダントツで人気のある場所になったといいます。

こうした子どもたちの心を考えたデザインが今必要だと思います。少人数化し、家庭の居心地感の方が断然勝るようになった現在、朝早くから長い時間過ごす学校に居場所感を持たせるためには、子どもたちの心の教育だけでなく、そこに影響する学校環境も改善していくことが求められます。

といって、学校の建物から新しくするという大掛かりなことは現実的ではありません。誰もができることから、まず学校を子どもたちのためにデザインするという視点を取り入れることから始めたいものです。たとえば疲れた子どもがのんびりできるソファをいくつか準備するのもいいと思います。暖かみのある色の柔らかい素材のソファは、愛着を持ちやすいものです。どこかのお家で使わなくなったものの再利用でも良いかもしれません。

今の学校には、気を抜けるスペース、自由が許される場所がほとんどありません。たいていの学校では、疲れ果ててしまう状態になって、ようやく保健室にいくか帰宅するしかなく、充電できる場所がそもそもありません。空き教室を上手に使えるのではないでしょうか。

ちょっとしたＤＩＹ（Do It Yourself）からの発想もあります。教室にふつうの戸だけでなく、猫が通る穴のような、四つんばいにかがまないと通れない小さなドアをつくった学校があります。すると、そのドアから楽しそうに教室に出入りする生徒がとても多いそうです。狭いところから忍び込むという体験だけで、教室に入るわくわく感が増すのでしょう。

トイレに関しては、心地よいスペースになるよう、和式だけでなく洋式便座を導入するなど、かつてに比べて使いやすくなっているようです。全個室にして、用便の大小で冷やかされないように工夫されてきていると聞きます。

建物の増改築にはお金がかかりますが、それに頼らなくても、できることはたくさんあります。トイレのスリッパを子供たちにカタログで選ばせたり、ガラスをただ切り出したような鏡に飾りつけをしたり、そんなことを考えさせるだけでも子どもはわくわくします。トイレのドアに月単位で順番に子どもたちの絵を飾っても良いかもしれません。

カフェやレストランでは、入り口のドア一つで、入ってみようかやめようかが決まるようなことはありませんか？　ドアの向こうに、居心地を求めています。自分がリラックスできる、楽しい気持ちにさせてくれる場所を求めているのです。

†危機予防の観点から、生き生きした場所に

子どもの気持ちを考えてわくわくさせる場所をつくる一方で、怖くて、悲しくて、不安な場

所をなくす工夫も必要です。学校を居場所にしたいのに、「こわい、ふあん」なスペースがたくさんあるというのは困ります。危機予防の観点から、そして居場所感のある家庭とのつながりを感じられるような空間デザインが考えられつつあります。

学校では、教職員の方々は朝から夜までてんやわんやです。学級崩壊、不登校、いじめなど、いろいろな問題が次から次へと起こります。授業の種類が増えたので、勉強して準備しないといけません。行事もあり部活もあり、準備時間がなく、イライラすることが多いようです。これは、いわゆる悪循環に陥っています。大人がイライラすると子どもにたちまち伝染します。情動感染という言葉もあります。言葉だけでなく、態度や表情、仕草などを通して、大人の潤いのない、トゲトゲした気持ちが学校に蔓延します。また、大人に心の余裕がないと、全体を見渡すことができなくなり、部分にとらわれがちになります。

こんな場合、「健康モデル」が役立ちます。病気になれば治療すればよいという発想だけでは、罹患(りかん)する人が増えてくると治療が追いつかずにパニックになります。ですから、今は毎年健康チェックをする、予防接種を徹底するなど、予防に力が入れられています。生活習慣を見直すところから考えれば、免疫力が増し、発病する人が減り、みんなが安心できるわけです。その点、学校はまだ危機予防対策をまず徹底するというサイクルが十分でありません。問題を追っかけるところから、ようやく重い腰をあげる場合が少なくありません。

まず一度立ち止まってみてはどうでしょう。半日でも時間をとって、教職員や保護者が校舎内をくまなく歩いて、想像力を働かせて危険そうなスペースを把握します。すると子どもたちが歓声を上げそうな場所、静かに充電できそうな場所、友達とおしゃべりできそうな場所、いろいろな光景も目に浮かんでくると思います。その中で、ちょっとここは怖い場所、不安な場所、できれば避けたい場所なども見えてくると思います。いじめの犯行現場になりそうなデッドスペースや、不審者の侵入を許すような出入り口など、思わぬ「隙間」に気づくでしょう。

子どもたちに直接アンケートすると良いと思います。実は、大人が一方的に子どもにとって良いと思っていることは、子どもにとってありがた迷惑といったことが少なくないのです。カラフルすぎるお弁当や、ガヤガヤした学校放送など、感覚過敏な子どもにとっては耐え難い場合もあります。当事者に尋ねてみるということはいつも必要なことです。子どもたちの意見を取り入れながら、空き教室や、使わないトイレや倉庫などはデッドスペースにしないで、逆発想で、わくわくする空間に変えられないでしょうか。

子どもたちから聞いた学校の死角に、何か楽しい彫刻を設置するとか、「楽しく遊ぼう」といったプレートを置くといった試みはどうでしょうか。そんなことしても効果はない、彫刻を置いたらイタズラされるだけですよなどと、すぐ横槍を入れたがる人がいます。大抵そういう人は、もう童心を忘れています。こうした工夫は、工夫した結果だけでなく、教職員の目と思いやりが学校の隅々にまで行き届いているサインになり、何もしないより、大きな心の支えになるのです。家庭でも、冷蔵庫にマグネットで止められた一つのメモ書きから、行き届いた思いやりの気持ちを感じ取り、感謝の心を育てます。

†そのメッセージは届いているか

どこの学校でも玄関、教室の中、廊下、体育館には、たくさんのスローガンが掲示されています。しかしそのメッセージは有効に、子どもたちの心に届いているでしょうか。標語が書かれたポスターは誰のために貼っているのか、何年も経って色も変わってしまっている張り紙が多くないでしょうか。「子どもの目線」で検討するアクションが必要だと思います。

たとえば、学校の外に向けて貼られた「いじめを許さない」「あいさつをしよう」などの看板は、誰へのアピールでしょうか。校内にいる子どもたちの目に届くよう内側にも貼ったほうがよくないでしょうか？

教育環境をよりよく機能させるための取組みによって、教師の力量も磨かれます。子どもたちの「大人は何もしてくれない」という諦めを払拭し、「教職員はいろいろなことを考えてくれている」という安心と信頼をつなぎとめることができるのです。建築、デザインの工夫を、子どもたちのポジティブな感情に増幅できる役割は、やはり、それを仲介する人の働きが大切です。

教室の戸口にプレートをいくつかかけた学校があります。そのプレートには、子どもが入室する際に、先生とどのようなことをしたいかを示す絵（ハイタッチ、ハグ、握手、……など）が描かれています。たとえば、子どもがハイタッチを選ぶと、教室に入る前に、戸口に立っている教師とタッチをするという具合です。ハイタッチで笑顔になる生徒、ハグしてもらって喜ぶ生徒もおり、幼児や小学生は学びが楽しくなります。

「ウエルカム・プラクティス」という取組みを行っている学校もあります。「出迎え作戦」と呼ぶその活動は、長く休んでしまった子どもや転校生が登校する日に、「おはよう、〇〇さん」といったプレートや、楽しい飾りつけなどで出迎えるという試みです。久しぶりの登校には勇気がいります。みんなは受け入れてくれるだろうか、いじめられないだろうか、勉強についていけないのではないか、といったさまざまな不安が胸をよぎります。出迎え作戦のプレートや飾りつけが玄関にあれば、明るく、前向きな気持ちで教室に入ることができます。

こうしたことは、学校だけではありません。働く場所や地域の復興にも関係すると思います。ある駅に降り立ったとき、ある会社に入ったとき、たとえば、数十年前の剝がれかかったポスターがだらりとしていたらどうでしょう。その場所は、もう生き生きとした状態でないことを予測させます。犯罪心理学で、「割れ窓理論」という考え方があります。窓ガラスを割れたままにしておくと、その建物は十分に管理されていないと思われ、そこにごみが捨てられ、地域の環境が悪化し、やがては凶悪な犯罪が多発するようになるというわけです。家庭の玄関、学校や会社の入り口、地域の玄関である駅などの環境が、出入りする人たちの心に与える影響は大きなものなのです。

危機予防の視点は、教職員の配置だけでなく、動線を考えるだけでも人の安心感や生き生きした気持ちを高めます。アメリカのある学校で、銃を持った不審者が、まず学校の玄関に近いところにいた校長とスクールサイコロジストを銃撃したため、リーダーを失った学校はパニックになりました。ただ、日頃から危機予防のシミュレーションを何度もしていたおかげで、各教員は子どもたちを、犯人に気づかれないように、あらかじめ考えてあった動線で安全な場所に退避させることができ、さらなる悲劇を生まなかったという事例です。

安心させてくれる人の配置や居場所の明確さ、何かあっても大丈夫と思えるような情報の与え方、メッセージの送り方はとても大切です。

†目標を共有するシステム

全米で広がっている方法に、「ポジティブ行動介入および支援（Positive Behavioral Interventions and Supports; PBIS)」というものがあります。特別支援活動から考えられた仕組みですが、作業や日課など環境に働きかけて、問題行動を生じさせる出来事を減らすことを目指す取組みです。もちろん、それは、子どもたちの心地よい気持ちを促進することにつながることを目指しています。

最近ではこのPBISの視点から、問題をもつ特定の生徒個人（個別ワイド）だけではなく、教室単位（クラスワイド）、学校単位（スクールワイド）での取組みも始まっており、すべての生徒や学校スタッフのニーズを満たす「健康」に関するシステムづくりに焦点が当てられています（山崎・戸田・渡辺、2013）。

たとえば、日本においても、全員が集まる朝礼や行事などは、全体に一斉に大切なメッセージを与える教育効果があります。クラスでの各課担任（職場なら上司）のメッセージの共有もあれば、それで気がつかないと思われる場合には、個別の対応が必要になります。個別、クラス、スクールの3種類のサイズを別のカテゴリーと思わずに、スライドするものと考える発想が基盤にあります。ですから、個別にそれぞれ対応する必要性のある人を減らしていき、やがては、皆の心が一つに安定し、豊かになれば全体でメッセージを出すことで足りてくるといった考えです。

スクールワイドの支援のシステムが確立しているアメリカでは、子どもたち全員に効果があることが多くのデータから実証されています。個別ワイド、クラスワイド、スクールワイドの3層の支援は連なっており、別々のようで切れ目がありません。個別の支援が必要だった子どもが元気をとり戻すと、今度はクラスワイドで対応できるようになることを目指し、最終的にはスクールワイドの取組みだけで望ましい学校生活が送れるように支援します。

その際、それぞれの先生が場当たり的に思い思いの指導をするのではなく、学校全体でシンプルに共有できるように、学校で大切なことは何かについて目標を3つか4つに絞ります。たとえば、「自分や友達を大切にする」という目標を決めたら、校内のいろいろな場所にスローガンを掲示しますが、その表現は掲示場所によって変化させます。自分や友達を大切にすることがどのような行動につながるかを具体的に考えて、教室には「ありがとうと言う」と貼り、廊下には「右側通行を守り譲り合う」、体育館には「道具を順番に使う」といった具合に、その場所に応じた行動と目標とが結びつくようなスローガンです。

そして、それぞれの場所には、できたかどうかをチェックするための「行動チャート」も掲示します。チャート化することで、教職員が賞賛する生徒の行動にブレがなくなります。もちろん生徒全員も、掲げた目標のためにどういった行動をとることが望ましいかを共有できます。このシステムによって目標が実行しやすくなります。その達成に喜びが伴うようになれば、もうしめたものです。うまく機能すれば、学校は劇的にポジティブな雰囲気になり、わくわく感が喚起され、学習の成果も期待できるのです。

本章では学校における環境づくりに主に焦点を当てましたが、オフィスでの仕事にも応用できるでしょう。上司や同僚、部下を巻き込むことが大切です。部下は上司の指示に従わなければならないと強制するのではなく、自分自身で決めたのだという自己決定感が意欲を高める上で大切です。

†自己決定と居場所感

ワークショップで市民や子どもたちと一緒に、工場の大規模な爆発事故によって焼失したオランダの都市「ルームピーク」を復興したドイツの建築家がいます（チョン・ピリョン、201

4)。『こどもたちが学校をつくる――ドイツ発・未来の学校』(木下勇[訳] 鹿島出版会、2008) という邦訳書もあるペーター・ヒューブナーは、ワークショップで子どもたちに、「本当にできるのか?」と問題意識をもって考えさせるところから、街を育てる建築計画をスタートさせました。子どもに自分の模型をつくらせて自身を客観視させたり、ブレインストーミングで案を練り上げたりしながら、10年がかりで自分たちの街に「学校」をつくってしまったそうです。

参加した子どもたちは、まず自分の大きさを知ることから始めました。椅子に座るとどれくらい空間をとってしまうか。手を伸ばせば届く距離などを友達と測り、一つのクラスのサイズがどれくらい広くないといけないかなど考えさせたのです。誰からか与えられた無機質の空間が、意味のある自分たちが影響を与える空間を意識できるようなわくわくした素晴らしい経験をしたのです。学校とはどういう場所か、その目標にかなう教室とはどういうものか、そして、実際に建物をつくるにはどういう方法があるかなどを学んでいきました。そうした協同が、居場所感や愛着という感情の根源、ルーツにつながっていったのです。

子供たちが何かをやりたいと思い、やれたという達成感を味わい、次の高みへと目指せるようにするためには、周囲にいる指導者が、一緒にわくわくした気持ちをもって関わることが望まれます。そのためのうまい仕掛けを絶えず考えていくことが大切です。こうした考える能動的な作業が、仕掛け人にもやりがいのある気持ちを与えます。

外に向かってチャレンジする勇気は、安心感から醸造されます。わくわくした気持ちは、いじわるな衝動よりも、自己実現のための行動を選ばせます。達成感から、誇りという気持ちが生まれます。感情が傷つけられても人はある程度は耐えることができますが、誇りという感情がない人は弱いように思います。

アメリカの精神科医ジェームズ・ギリガン（思いやり研究で有名なキャロル・ギリガンの夫）の講演会で、刑務所に収監されている犯罪者にインタビューした話を聞いたことがあります。たいていの人が、犯罪を犯してしまったのは相手が自分に恥をかかせたからだ、と答えたそうです。自尊心、誇りといった道徳的な感情を持てること、そして、そこに何かにチャレンジしたいという前向きな気持ちを持てることは、怒りを鎮め、幸せな気持ちとつながっていくのでしょう。

あとがき

本書では、感情というものは、いったい何なのか、また人間の発達とともにどのように育まれるのかを概観してきました。問題行動を生じさせてしまう、あるいは、問題を持つからこそ抱えてしまう気持ちについても目を向け、人が互いによりよく生きるための道徳的な感情についても考察しました。傷ついた感情を癒す方法、問題行動を抑えるヒントもあらためて考えました。

地域や行政、学校などで、すでに多くの支援、チャレンジがなされています。しかし、本当に当事者の視点に寄り添った上で、中長期的な展望に立って、生き生きとした社会を描き決定しているでしょうか。

こうしたことを決めていくプロセスでは、予算がないからできない、どうせやっても無駄だと諦めてしまうことが少なくありません。逆に、予算があれば選択肢が増えるのかと思いきや、予算が潤沢なためにお決まりのブランド品や高級品といったステレオタイプから発想が抜け出せなくなるデメリットもあります。自発的で、わくわくする、創造的な考えではなく、お仕着せのものになってしまいます。限られた予算だからこそ、本来の心のあり方を大切にした教育のあり方や、環境の改善を多くの人の知恵を借りて可能にしていけるのではないかと考えます。誰もが傷つけられない安心できる環境の中で、失敗を重ねながらも学びを得て、自分らしさを伸ばしていけるようなモノ、コト、体験に出逢えることは幸せです。

自らが、こうした感情について気づきを得て、育てていく態度も大切ですが、社会的に仕掛けていくことのできるポジションにいる人は、できるだけたくさんの人たちが幸せになれるよう、人の感情を思いやった策を実行に移していって欲しいと思います。特に、子どもたちは、これからの社会を支える大事な愛おしい存在です。

ロボットが今現在は対抗できない人間の能力に、素晴らしい感情力があります。本書で詳しく述べたように、知識面だけでなく、感情面の発達はさらなる伸びしろが期待されます。これを荒廃させることなく、深化させることができると信じます。

この本を書くにあたって、結構な年月がかかりました。このプロセス自体は、まさに自分がわくわくできる個人体験を重ねてきたかどうかにかかわります。途中、辛い体験も重ねつつ、この本で繰り返し表現してきた「わくわく感」をとり戻そうともがいたこともありました。人の「元気」というものがどこからつくられているのか、あらためて、心の不思議さを痛感しました。

生まれてから死を迎えるまでの生涯発達の中で、感情についてわかってきたことはまだほんの一部分なのかもしれません。太古の昔から、研究対象になりながらもいまだ未知のことがたくさんあります。こうしたわからないことに好奇心をもち、さらに興味関心が高まり、多くの方々が考えたり、実践したり、応用されることを心より希望します。

この本の執筆にあたっては、これまでかかわった老若男女の方々と、様々な専門領域の方々から大きな刺激を受けた経緯があります。仲間と行ってきた教育アプローチを重ねてきたことからも少なからぬヒントがあります。日々の家庭や職場での個人的な感情を伴うドラマも有意義な体験でした。

着想から脱稿まで辛抱強く待っていただき、エッジの効いたアドバイスや多くのご助言をいただいた、ちくま新書編集部の松本良次氏には、心から感謝いたします。

2019年1月

渡辺　弥生

参考・引用文献

【複数章にまたがる文献】

Saeki, E., Watanabe, Y., Kido, M.（2015）Developmental and gender trends in emotional literacy and interpersonal competence among Japanese children, The International Journal of Emotional Education 7(2), 15-35.

Kempe, C.H., Silverman, F. N., Steele, B. F.（1962）The battered-child syndrome, JAMA 181(1).（https://doi.org/10.1001/jama.1962.03050270019004）

Perry, D. G., Willard, J. C., Perry, L. C.（1990）Peers' perceptions of the consequences that victimized children provide aggressors, Child Development 61(5), 1310-1325.

池田幸恭（2010）「青年期における親に対する感謝への抵抗感を規定する心理的要因の検討」『青年心理学研究 22』, 119-126.

久保ゆかり（1999）「児童における入り混じった感情の理解とその発達」『東洋大学児童相談研究 18』, 33-43.

仲真紀子（2010）「子どもによるポジティブ，ネガティブな気持ちの表現――安全，非安全な状況にかかわる感情語の使用」『発達心理学研究 21』, 365-374.

本村祐里佳（2015）「児童期における感情リテラシーの発達と共感性の関連」法政大学人文科学研究科修士論文（未公刊）

渡辺弥生，藤野沙織（2016）「児童の感情リテラシーの発達――感情表現に焦点を当てて」『法政大学文学部紀要 73』, 83-96.

【第一章】

Carroll, J. M. Russell, J. A.（1996）Do facial expressions signal specific emotions?: Judging emotion from the face in context, Journal of Personality and Social Psychology 70(2), 205-218.

ChaplinT. M. Aldao, A.（2013）Gender differences in emotion expression in children: a meta-analytic review, Psychological Bulletin 139(4), 735-765.（https://doi.org/10.1037/a0030737）

Coleman, A., Snarey, J.（2011）James-Lange Theory of Emotion, Encyclopedia of Child Behavior and Development., 844-846.

Damasio, A. R.（1999）The feeling of what happens, Orlando, Florida, Harcourt.

Damasio, A. R.（2003）Feelings of Emotions and the Self, Ann NY acad Sci. 1001., 253-261.

Darwin, C.（1872）The expression of the emotions in man and animals, Appleton. Reprinted by University of Chicago Press, 1965.（浜中浜太郎［訳］『人及び動物の表情について』岩波文庫，1991）

Denham, S. A., Bassett, H. H., Brown, C., Way, E., Steed, J（2015）"I Know How You Feel": Preschoolers'emotion knowledge contributes to early school success Journal of Early Childhood Research 13(3), American Psychological Association., 252-262.

Durlak, J. A., Domitrovich, C. E., Weissberg, R. P., Gullotta, T. P. Eds.（2016）Handbook of Social and Emotional Learning, Guilford Press.

Dutton, D. G., Aron, A.（1974）Some evidence for heightened sexual attraction under conditions of high anxiety, Journal of Personality and Social Psychology 30(4), 510-517.

Ekman, P. Friesen, W. V.（1976）Unmasking the face: a guide to recognizing emotions from facial clues, Englewood Cliffs, NJ（工藤力［訳編］『表情分析入門――表情に隠された意味をさぐる』誠信書房，1987）

Ekman, P.（Ed.）(1998）The expression of the emotions in man and animals: C. Darwin, 3rd ed.; Original work published 1872, New York, Oxford University Press.

Ekman, P., Roper, G., Hager, J. C.（1980） Deliberate Facial Movement, Child Development 51(3), 886-891.

Hassin, R. R., Aviezer, H., Bentin, S.（2013）Inherently ambiguous: Facial expressions of emotions, in context. Emotion Review.（https://doi.org/10.1177/1754073912451331）

Izard, C. E.（2009）Research: Highlights, Unanswered Questions, and Emerging Issues, Annual Review of Psychology 60., 1-25.

James, W.（1884）What is an emotion ?, Mind., 19, 188-205.

LaFrance, M., Hecht, M. A., Paluck, E. L.（2003）The contingent

smile: a meta-analysis of sex differences in smiling, Psychological Bulletin 129(2), 305–334.

Lange, C. G. (1885) The emotions: A psychophysiological study, The emotions, Baltimore, Williams and Wilkins.

Matsumoto, D., Willingham, B. (2009) Spontaneous facial expressions of emotion of congenitally and noncongenitally blind individuals, Journal of Personality and Social Psychology 96(1), 1–10.

Mayer, J. D., Salovey, P., Caruso, D. R. (2008) Emotional Intelligence: New Ability or Eclectic Traits?, American Psychological Association, September 63(6), 503–517.

Mondloch, C. J. (2012) Sad or fearful?: The influence of body posture on adults' and children's perception of facial displays of emotion, Journal of Experimental Child Psychplofy 111(2), 180–196.

Russell, J. A. (1994) Is There Universal Recognition of Emotion From Facial Expression?, A Review of the Cross-Cultural Studies, Psychological Bulletin 115(1), 102–141.

Russell, J. A., Paris, F. A. (1994) Do children acquire concepts for complex emotions abruptly?, International Journal of Behavioral Development 17., 349–365.

Schwartz, G. E., Weinberger, D. A. (1980) Patterns of emotional responses to affective situations: Relations among happiness, sadness, anger, fear, depression, and anxiety, Motivation and Emotion 4(2), 175–191.

Schachter, S., Singer, J. E. (1962) Cognitive, social, and physiological determinants of emotional state, Psychological Review 69., 379–399.

Tomkins, S. S. (1962) Affect imagery consciousness: Vol. I, The positive affects, New York, Springer.

Tottenham, N., Tanaka, J. W., Leon, A. C., Nelson, C. (2009) The NimStim set of Facial Expressions: Judgments from Untrained Research Participants, Psychiatry Research 168(3), 242–249.

Widen, S. C., Russell, J. A. (2001) Children's scales of pleasure and arousal, Poster presented at APS conference., 1–6.

Wintre, M. G., Polivy, J., Murray, M. A.（1990）Self-predictions of emotional response patterns: Age, sex, and situational diterminants, Child Development 61., 1124-1133.
Zeman, J, Shipman, K.（1996）Children's expression of negative affect: Reasons and methods, Developmental Psychology 32(5), 842-849.
池迫浩子，宮本晃司［著］ベネッセ教育総合研究所［編］(2015)「家庭，学校，地域社会における社会情動的スキルの育成――国際的エビデンスのまとめと日本の教育実践・研究に対する示唆.（OECD ワーキングペーパー）」ベネッセ教育総合研究所
宇津木成介（2007)「ジェームズの感情理論――教科書にあらわれるその根拠と論理」『国際文化学研究』(神戸大学国際文化学部紀要 27), 1-17.
大平英樹［編］(2010)『感情心理学・入門』有斐閣アルマ
川島一夫［編］(2001)『図でよむ心理学 発達 改訂版』福村出版
菅野仁（2008)『友だち幻想―― 人と人との〈つながり〉を考える』筑摩書房
楠見孝（1996)「感情概念と認知モデルの構造」土田昭司，竹村和久［編］『感情と行動・認知・生理』(対人行動学研究シリーズ 4）誠信書房
久保ゆかり（2007)「幼児期における感情表出についての認識の発達―― 5 歳から6歳への変化」『東洋大学社会学部紀要 44』89-105
ゴールマン，D.（1995)，土屋京子［訳］『EQ（エモーショナル・インテリジェンス）こころの知能指数』講談社，1996.
小松佐穂，箱田裕司（2012)「子どもの表情画像データベースの構築と評価――表情表現能力の検討」『心理学研究 83(3)』, 217-224.
サーニ，C.（2006）佐藤香監訳『感情コンピテンスの発達』ナカニシヤ出版
寺澤悠理，梅田聡（2014)「内受容感覚と感情をつなぐ心理・神経メカニズム」『心理学評論 57(1)』心理学評論刊行会，49-66.
中村俊（2015)「感情の脳科学――いま，子どもの育ちを考える

（科学と人間シリーズ９）」『教育学研究 82(2)』，342-343.
福田正治（2012）「感情階層説――「感情とは何か」への試論」『富山大学杉谷キャンパス一般教育 40』, 1-22.
山内弘継（1978）「言語手がかりによる感情・情動の心理的測定の試み」『心理学研究 49』, 284-287.
【第二章】
Ainsworth, M. D. S., Blehar, M. C., Waters, E., Wall, S.（1978）Patterns of attachment: A Psychological Study of the Strange Situation, Hillsdale, N. J, Lawrence Erlbaum.
Baron-Cohen S., Golan O., Wheelwright S., Granader Y., Hill J.（2010）Emotion word comprehension from 4 to 16 years old: a developmental survey., Frontiers in Evolutionary Neuwoscience, 2(109): 109.
Bowlby, J.（1969/1982）Attachment and loss, Vol.1: Attachment, New York, Basic Books.（黒田実郎，大羽蓁，岡田洋子，黒田聖一［訳］（1991）『母子関係の理論Ⅰ　愛着行動』岩崎学術出版社）
Bretherton, I., Fritz, J., Zahn-Waxler, C., Ridgeway, D.（1986）Learning to Talk About Emotions: A Functionalist Perspective, Child Development 57(3), 529-548.（https://doi.org/10.1111/j.1467-8624.1986.tb00225.x）
Dunn, J., Brown, J., Slomkowski, C., Tesla, C., Youngblade, L.（1991）Young children's understanding of other people's feelings and beliefs: individual differences and their antecedents. Child Development 62(6), 1352-1366.
Erikson, E. H.（1968）Identity: Youth and crisis, New York, W. W. Norton & Company.
Guttentag, R., Ferrell, J.（2008）Children's understanding of anticipatory regret and disappointment, COGNITION AND EMOTION 22(5), 815-832.
Lane, R. D., and Schwartz, G.（1987）Levels of emotional awareness: A cognitive-developmental theory and its application to psychopathology, American Journal of Psychiatry 144, 133-143.

Nelson, N. L., Russell, J. A. (2013) Universality Revisited, Emotion Review (https://doi.org/10.1177/1754073912457227)
Ridgeway D., Waters E., Kuczaj, S. A. (1985) Acquisition of emotion-descriptive language: Receptive and productive vocabulary, norms for ages 18 months to 6 years, Developmental Psychology 21(5), 901-908.
Saarni, C. (1999) The Development of Emotional Competence, NewYork, The Guilford Press.
Sandman, C. A., Davis, E. P., Glynn, L. M. (2011) Can fetus sense mother's psychological state? Study suggests yes, Psychological Science., ScienceDaily, 10.
Sroufe, L. A. (1996) Emotional development: The organization of emotional life in the early years, England, Cambridge University Press.
Widen, S. C., Russell, J. A. (2002) Gender and preschoolers'perception of emotion, Merrill-Palmer Quarterly 48., 248-262.
Widen, S. C. (2012) Children's Interpretation of Facial Expressions: The Long Path from Valence-Based to Specific Discrete Categories, Emotion Review5(1), 1-6.
Wintre, M. G., Vallance, D. D. (1994) A developmental sequence in the comprehension of emotions: intensity, multiple emotions, and valence, Developmental Psychology 30(4), 509-514.
Zeelenberg, M., Pieters, R. (2006) Feeling is for doing: A pragmatic approach to the study of emotions in economic behavior, in D. De Cremer, M. Zeelenberg, K. Murnighan (Eds.), Social psychology and economics, Mahwah, NJ: Lawrence Erlbaum Associates, Inc.
安達正嗣（2003）「日米における高齢者のきょうだい関係の考察——NSFH 調査（第１次）と NFR 調査（第１次）のデータ分析を中心に」『名古屋市立大学社会学部研究紀要 14』39-51.
池田慎之介，針生悦子（2018）「幼児期から児童期の子供における発話からの感情判断の発達」『心理学研究 89(3)』，302-308.
池田幸恭（2010）「青年期における親に対する感謝への抵抗感を規定する心理的要因の検討」『青年心理学研究 22』, 57-67.

岩田美保（2015）「園での仲間遊びにおける幼児の感情語への言及――3，4，5歳児クラスのデータ分析」『千葉大学教育学部研究紀要 63』, 106.
大上真礼（2015）「前期高齢者の「むなしさ」の生起・維持プロセス――発達段階での特徴に着目して」『感情心理学研究 23』, 1-11.
大上真礼（2017）「高齢者が抱く「むなしさ」概念と，「むなしさ」を感じる状況――テキストマイニングを用いた性差と年齢差の検討」『感情心理学研究 24(3)』, 119-126.
岡本宣雄（2013）「高齢者の Spiritual well-being の概念の位置づけとその特徴」『川崎医療福祉学会誌 23(1)』, 37-48.
長田由紀子，長田久雄，井上勝也（1989）「老年期の過去回想に関する研究Ⅰ――回想の量・質・機能の種類と特徴」『老年社会科学 11』, 183-201.
小野寺敦子（2011）「中年女性の父親・母親への感情と幸福感との関連」『目白大学心理学研究 7』, 1-14.
加藤弘通，太田正義，松下真実子，三井由里（2013）「中学生の自尊心を低下させる要因についての研究――批判的思考の発達との関連から」『静岡大学教育学部研究報告（人文・社会・自然科学篇）63』, 135-143.
川島一夫，渡辺弥生（2010）『図で理解する発達――新しい発達心理学への招待』福村出版
工藤 力，長田久雄，下村陽一（1984）「高齢者の孤独に関する因子分析的研究」『老年社会科学 6(2)』, 168-185.
久保ゆかり（1999）「児童における入り混じった感情の理解とその発達」『東洋大学児童相談研究 18』, 33-43.
近藤綾子，林安紀子（2015）「5歳児，7歳児における音声での感情表現についての発達的検討」『東京学芸大学 学校教育学研究論集 32』, 11-19.
権藤恭之，古名丈人，小林江里香（2005）「超高齢期における身体的機能の低下と心理的適応――板橋区超高齢者訪問悉皆調査の結果から」『老年社会科学 27(3)』, 327-338.
酒井久実代（2000）「情動認識力，語彙力，エモーショナル・イン

テリジェンスの構成要素間の関連性の検討」『性格心理学研究 8(2)』, 11-19.
澤田匡人（2003）「児童・生徒における妬み感情喚起場面の諸側面」『筑波大学発達臨床心理学研究 15』, 57-64.
澤田匡人（2017）「中学生・高校生（青年期前半）の心理学」太田信夫監修　二宮克美, 渡辺弥生［編集］『発達心理学』北大路書房
白井みどり, 臼井キミカ, 植村純子, 青木信雄, 黒田研二, 今川真治, 佐瀬美恵子, 玉城栄之功（2003）「痴呆性高齢者の感情と行動に着目した生活環境評価の試み」『名古屋市立大学看護学部紀要 3』, 11-21.
高見美保（2010）「高齢者への心理療法」佐藤眞一, 大川一郎, 谷口幸一［編］『老いとこころのケア――老年行動科学入門』ミネルヴァ書房
都筑学（2005）「小学校から中学校にかけての子どもの「自己」の形成」『心理科学 25(2)』（〈特集〉学校教育と子どもの「自己」の形成――教育心理学における「自己」研究の新たな視点), 1-10.
堤雅雄（1994）「むなしさ――青年期の実存的空虚感に関する発達的一研究」『社会心理学研究 10』, 95-103.
利根川明子（2016）「教室における児童の感情表出と学級適応感の関連」『教育心理学研究 64(4)』, 569-582.
西村純一, 平澤尚孝（2009）「SD 法による高齢者イメージの世代差と性差の研究」『人間文化研究所紀要 3』東京家政大学人間文化研究所 , 33-42.
沼田真美, Hartling, L. M., 松井豊（2018）「日本語版屈辱感尺度（HI-J）の開発」『心理学研究 89(3)』, 262-269.
根岸貴子, 杉澤秀博（2012）「男性における定年後の老年期の生きる拠り所」『老年学雑誌 3』, 19-34.
藤野沙織, 本村祐里佳（2015）「日常生活における幼児の感情リテラシーの発達」『法政大学大学院紀要 75』, 79-88.
藤元慎太郎, 吉良安之（2014）「青年期における過剰適応と自尊感情の研究」『九州大学心理学研究：九州大学大学院人間環境学研

究院紀要 15』, 19-28.
星野喜久三（1969）「美的情操に関する発達的研究」『教育心理学研究　6(1)』, 14-20.
松永あけみ，斉藤こずゑ，荻野美佐子（1996）「乳幼児期における人の内的状態の理解に関する発達的研究——内的状態を表すことばの分析を通して」『山形大学紀要．教育科學 11(3)』, 35-55.
安田郁（2004）「青年期における羞恥感情に関する研究——青年期危機との関係から」『九州大学学術情報リポジトリ　5』, 247-255.
渡辺弥生（2011）『子どもの「10歳の壁」とは何か？——乗りこえるための発達心理学』光文社

【第三章】

Bandura, A.（1986）Social foundations of thought and action: A social cognitive theory, New Jersey, Prentice-Hall.
Damon, W.（1975）Early conceptions of positive justice as related to the development of logical operations, Child Development 46, 301-312.
Damon, W., Colby, A.（2015）The Power of Ideals: The Real Story of Moral Choice, Oxford University Press.
Emmons, R. A., McCullough, M. E.（2003）Counting blessings versus burdens: An experimental investigation of gratitude and subjective well-being in daily life, Journal of Personality and Social Psychology 84(2), 377-389.
Haidt, J., Koller, S.H., Dias, M.G.（1993）Affect, culture, and morality, or is it wrong to eat your dog?, Journal of Personality and Social Psychology 65(4), 613-628.
Hoffma, M. L.（1984）Empathy, its limitations and its roles in a comprehensive moral theory, In J. Gewirtz, W. Kurtines（Eds.), Morality: Moral behavior, and moral development, New York, John Wiley.
Hoffman, M. L.（1991）Empathy and justice in society, In de Rivera, J.（Ed.）Social justice research.
Seligman, M. E. P., Steen, T. A., Park, N. Peterson, C.（2005）Positive psychology progress: Empirical validation of interventions, Ameri-

can Psychologist 60(5), 410-421.
池田幸恭（2006）「青年期における母親に対する感謝の心理状態の分析」『教育心理学研究 54』, 57-67.
岩﨑眞和，五十嵐透子（2017）「教育実践における感謝研究の活用に向けた課題」『兵庫教育大学大学院連合学校教育学研究科教育実践学論集記念特別号』, 49-56.
岩﨑眞和，五十嵐透子（2014）「青年期用感謝尺度の作成」『心理臨床学研究 32』, 107-118.
相馬正史，都築誉史（2015）「考察方略が道徳ジレンマ状況における判断に及ぼす影響」『Rikkyo Psychological Research 57』, 51-61.
簑島天馬，渡辺弥生（2015）「青年期における感謝概念の発達と学校適応の関連について」『第57回教育心理学会統会発表論文集』, 108.
渡辺弥生（1986）「分配における公正観の発達」『教育心理学研究 34』, 84-90.
渡辺弥生（1992）『幼児・児童における分配の公正さに関する研究』風間書房
【第四章】
Ashwin, C., Chapman, E., Colle, L., & Baron-Cohen, S.（2006） Impaired recognition of negative basic emotions in autism: A test of the amygdala theory, Social Neuroscience, 1(3-4), 349-363.
Bal, E., Harden, E., Lamb, D., Van Hecke, A. V., Denver, J. W., & Porges, S.W.（2010）. Emotion recognition in children with autism spectrum disorders: Relations to eye gaze and autonomic state, Journal of Autism and Developmental Disorders. Vol. 40(3), 358-370.
Bowen, E., Dixon, L.（2010） Concurrent and prospective associations between facial affect recognition accuracy and childhood antisocial behavior, Aggressive Behavior 36(5), 305-314.
Brisch, K. H.（2002） Treating attachment disorders: From theory to therapy. New York, Guilford press.
Cadesky E. B., Mota, V. L., Schachar, R. J.（2000） Beyond words: How do children with ADHD and/or conduct problems process

nonverbal information about affect?, J Am Acad Child Adolesc Psychiatry 39(9), 1160-1167.

Corbett, B., & Glidden, H. (2010) Processing affective stimuli in children with attention-deficit hyperactivity disorder, Child Neuropsychology (2), 144-155.

Craig, W. M. Pepler, D., & Atlas, R. (2000) Observations of bullying in the playground and in the classroom, School Psychology International 21(1), 22-36.

Crick, N. R., Dodge, K. A. (1994) A review and reformulation of social information-processing mechanisms in children's social adjustment, Psychological Bulletin 115., 74-101.

Dodge, K. (1989) Coordinating responses to aversive stimuli: Introduction to a special section on the development of emotion regulation, Developmental Psychology 25(3), 339-342.

Juneja, R., & Singh, D. C. (2018) Relationship of Early childhood Neglect and Abuse with Emotion Regulation and Emotion Recognition in Adolescents, Global Journal of Human-Social Science: H Interdisciplinary.

Kempe, C. H., Silverman, F. N., & Steele, B. F. (1962) The battered-child syndrome, JAMA, 181, 17-24.

Eisenberg, N., Fabes, R., Murphy, B., Maszk, P., Smith, M., & Karbon, M. (1995) The role of emotionality and regulation in children's social functioning: A longitudinal study, Child Development 66(5), 1360-1384.

Finkelhor, D., & Browne, A. (1985) The traumatic impact of child sexual abuse: A conceptiualization American Journal of Orthopsychiatry, vo. 55(4): 530-541.

Jones C. R. G., Pickles A., Falcaro, M., Marsden A. J., Happé F., Scott S. K., Sauter D., Tregay J., Phillips R. J., Baird G., Simonoff E., Charman T.(2011) A multimodal approach to emotion recognition ability in autism spectrum disorders, J Child Psychol Psychiatry. 2011 Mar; 52(3): 275-285.

Kätsyri J., Saalasti S., Tiippana K., von Wendt L., Sams M. (2008)

Impaired recognition of facial emotions from low-spatial frequencies in Asperger syndrome, Neuropsychologia. 46(7), 1888-1897.

Kirchner, J. C., Hatri, A., Heekeren, H. R., & Dziobek, I. (2011) Autistic Symptomalogy, face processing abilities, and eye fixation patterns. Journal of Autism and Developmental Disorders, Vol. 41 (2): 158-167.

Kokkinos, C. M., Panayiotou, G. (2004) Predicting bullying and victimization among early adolescents: Associations with disruptive behavior disorders, Aggressive Behavior 30(6), 520-533.

Kopp, C. (1989) Regulation of distress and negative emotions: A developmental view, Developmental Psychology 25(3), 343-354.

McCowan, W., Johnson, J., Austin, S. (1986) Inability of Delinquents to recognize facial affects, Journal of Social Behavior and Personality, Corte Madera, Ca. vol. 1(4), 489.

Nakano, T., Tanaka, K., Endo, Y., Yamane, Y., Yamamoto, T., Nakano, Y., Ohta, H., Kato, N., Kitazawa, S. (2010) Atypical gaze patterns in children and adults with autism spectrum disorders dissociated from developmental changes in gaze behaviour, Proceedings. Biological Science, 2935-2943.

Neary, A., & Joseph, S. (1994) Peer victimization and its relationship to self-concept and depression among schoolgirls, Personality and Individual Differences 16(1), 183-186.

Olweus, D. (1994) Bullying at School: Basic Facts and Effects of a School Based Intervention Program, The Journal of Child Psychology and Psychiatry 35(7), 1171-1190.

Pele, K. Kornreich, C., Foisy, M. L., & Dan, B. (2006) Recognition of emotional facial expressions in attention-deficit hyperactivity disorder, Pediatr. Neurol. 93-97.

Perry, D. G., Willard, J. C., & Perry, L. C. (1990) Peers' perceptions of the consequences that victimized children provide aggressors, Child Development, 61(5), 1310-1325.

Rutherford, M. D., Baron-Cohen, S., & Wheelwright, S. (2002). Reading the mind in the voice: A study with normal adults and adults

with Asperger syndrome and high functioning autism. Journal of Autism and Developmental Disorders, vol. 32(3) 189-194.

Sato, W., Uono, S., Matsuura, N., Toichi, M. (2009) Misrecognition of facial expressions in delinquents, Child and Adolescent Psychiatry and Mental Health., 3(1), 27.

Schwartz, D. (2000) Subtypes of victims and aggressors in children's peer groups. Journal of Abnormal Child Psychology 28(2), 181-192.

Williams L. M., Hermens D. F, Palmer, D. Kohn, M., Clarke, S., Keage, H., Clark, C. R., Gordon, E. (2008) Misinterpreting emotional expressions in attention-deficit/hyperactivity disorder: evidence for a neural marker and stimulant effects, Biol Psychiatry 63 (10), 917-916.

Wilton, M. M. M., Craig, W. M., & Pepler, D. J. (2000) . Emotional regulation and display in classroom victims of bullying: characteristic expressions of affect, coping styles and relevant contextual factors, Social Development, vol. 9(2), 226-245.

岡本祐子，宮下一博［編］(2003)『ひきこもる青少年の心――発達臨床心理学的考察』(シリーズ・荒れる青少年の心 2) 北大路書房

斎藤環 (1998)『社会的ひきこもり――終わらない思春期』PHP研究所

佐藤弥，魚野翔太，松浦直己，十一元三 (2008) Impaired recognition of facial expression in juvenile delinquents (『非行少年における表情認識の問題』)，映像情報メディア学会技術報告32. 43(1), 1-6.

高橋良臣 (2005)『不登校・ひきこもりのカウンセリング――子どもの心に寄り添う』金子書房

田中究 (2016)「子ども虐待とケア」『児童青年精神医学とその近接領域 57(5)』, 705-718.

田中究，前田宏章 (2005)「虐待を受けた子どもの心理」『治療 (Journal of Therapy) 87(12)』南山堂，3193-3199.

友田明美・藤澤玲子 (2018)『虐待が脳を変える――脳科学者から

のメッセージ』新曜社
西村秀明（2006）『ひきこもり――その心理と援助』教育史料出版会
新田康郎，藤井肇，臼井朋包（1973）「被虐待児症候群について」No.2569
服部雄一（2007）『ひきこもりと家族トラウマ』日本放送出版協会
宗像恒次，武藤清栄［編］（2008）『ニート・ひきこもりと親――心豊かな家族と社会の実現へ』生活書院

【第五章】

Brackett, M. A., Elbertson, N. A., Rivers, S. E.（2015）Applying theory to the development of approaches to SEL. In J. A. Durlak, C. E. Domitro vich, R. P. Weissberg, T. P. Gullotta［Eds.］, Handbook of social and emotional learning, New York, Guilford Press, pp.20-32.
David, S., Emotional Agility（須川綾子［訳］（2018）『EA（ハーバード流こころのマネジメント――予測不能の人生を思い通りに生きる方法』ダイヤモンド社）
Durlak, J. A.（1995）School-based prevention programs for children and adolescents, Thousand Oaks, SAGE Publications.
Durlak, J. A., Weissberg, R. P., Dymnicki, A. B., Taylor, R. D., Schellinger, K. B.（2011）The impact of enhancing students' social and emotional learning: A meta-analysis of school-based universal interventions, Child Development 82(1), 405-432.
Pluess, M., Boniwell, I., Hefferon, K., Tunariu, A.（2017）Preliminary evaluation of a school-based resilience-promoting intervention in a high-risk population: Application of an exploratory two-cohort treatment/control design. Plos One, 12(5) doi: 10. 1371/journal. pone. 0177191.
Seligman, M. E. P., Ernst, R. M., Gillham, J., Reivicha, K., Linkins, M.（2009）Positive education: positive psychology and classroom interventions, Oxford Review of Education 35(3), 293-311.
Siegel, R. D.（2010）The Mindful Ness Solution: Everyday Practices for Everyday Problems, New York, The Guilford Press.
Zins, J. E., Weissberg, R. P., Wang, M. C., Wallberg, H. J.［Eds.］

(2004) Building school success through social and emotional learning: Implications for practice and research, New York, Teachers College Press.
林滋子，玉瀬耕治（2016）「マインドフルネスの習得過程における異なる訓練要因の比較」『帝塚山大学心理学部紀要 5』, 29-39.
藤田一照（2014）「「日本のマインドフルネス」へ向かって」『人間福祉学研究　7(1)』，13-27.
山崎勝之，戸田有一，渡辺弥生（2013）『世界の学校予防教育――心身の健康と適応を守る各国の取り組み』金子書房
吉益光一，大賀英史，加賀谷亮，北林蒔子，金谷由希（2012）「親子関係とマインドフルネス」『日本衛生學雑誌 67(1)』，22-36.
渡辺弥生，原田恵理子編著（2015）『中学生・高校生のためのソーシャルスキル・トレーニング』明治図書
渡辺弥生（2015）「健全な学校風土をめざすユニヴァーサルな学校予防教育――免疫力を高めるソーシャル・スキル・トレーニングとソーシャル・エモーショナル・ラーニング」『教育心理学年報 54』，126-141.（https://doi.org/10.5926/arepj.54.126）
渡辺弥生（2016）「児童の感情リテラシーは教育しうるか――発達のアウトラインと支援のありかた」『エモーション・スタディーズ 2(1)』，16-24.
【第六章】
鈴木賢一（2006）『子どもたちの建築デザイン』農山漁村文化協会
鄭弼溶（2014）『まちを育てる建築』鹿島出版会
山崎勝之，戸田有一，渡辺弥生（2013）『世界の学校予防教育――心身の健康と適応を守る各国の取り組み』金子書房

ちくま新書
1402

感情の正体
――発達心理学で気持ちをマネジメントする

二〇一九年四月一〇日　第一刷発行
二〇二四年五月二五日　第二刷発行

著者　渡辺弥生（わたなべ・やよい）

発行者　喜入冬子

発行所　株式会社 筑摩書房
東京都台東区蔵前二-五-三　郵便番号一一一-八七五五
電話番号〇三-五六八七-二六〇一（代表）

装幀者　間村俊一

印刷・製本　三松堂印刷 株式会社

ISBN978-4-480-07218-4 C0211

ちくま新書

1149
心理学の名著30
サトウタツヤ
臨床や実験など様々なイメージを持たれている心理学。それを「認知」「発達」「社会」の側面から整理しなおし、古典から最新研究までを解説したブックガイド。

1165
プラグマティズム入門
伊藤邦武
これからの世界を動かす思想として、いま最も注目されるプラグマティズム。アメリカにおけるその誕生から最新の研究動向まで、全貌を明らかにする入門書決定版。

1256
まんが 人体の不思議
茨木保
本当にマンガです！ 知っているようで知らない私たちの「からだ」の仕組みをわかりやすく解説する。病院での専門用語でとまどっても、これを読めば安心できる。

1097
意思決定トレーニング
印南一路
優柔不断とお悩みのあなた！ それは性格のせいではなく、決め方を知らないのが原因です。ダメなルールをやめて、誰もが納得できる論理的な方法を教えます。

1209
ホスピスからの贈り物
——イタリア発、アートとケアの物語
横川善正
もてなしのアートに満ちあふれているイタリアのホスピス。その美的精神と、ケアの思想を深く掘り下げて紹介。死へと寄り添う終末期ケアが向かうべき姿を描き出す。

1336
対人距離がわからない
——どうしてあの人はうまくいくのか？
岡田尊司
ほどよい対人距離と親密さは、幸福な人間関係を維持していくための重要な鍵だ。臨床データが教える、社会にうまく適応し、成功と幸福を手に入れる技術とは。

757
サブリミナル・インパクト
——情動と潜在認知の現代
下條信輔
巷にあふれる過剰な刺激は、私たちの情動を揺さぶり潜在脳に働きかけて、選択や意思決定にまで影を落とす。心の潜在性という沃野から浮かび上がる新たな人間観とは。

ちくま新書

893 道徳を問いなおす ——リベラリズムと教育のゆくえ 河野哲也

ひとりで生きることが困難なこの時代、他者と共に生きるための倫理が必要となる。「正義」「善悪」「権利」とは何か？ いま、求められる「道徳」を提言する。

1180 家庭という学校 外山滋比古

親こそ最高の教師である。子供が誰でも持つ天才的能力をつなぎとめるには、親が家庭で上手に教育するしかない。誇りを持って、愛情をこめて子を導く教育術の真髄。

1134 大人のＡＤＨＤ ——もっとも身近な発達障害 岩波明

近年「ＡＤＨＤ（注意欠如多動性障害）」と診断される大人が増えている。本書は、症状、診断・治療方法、他の精神疾患との関連などをわかりやすく解説する。

947 若者が無縁化する ——仕事・福祉・コミュニティでつなぐ 宮本みち子

高校中退者、若者ホームレス、低学歴ニート、世の中から切り捨てられ、孤立する若者たち。彼らを社会につなぎとめるために、現状を分析し、解決策を探る一冊。

1289 ノーベル賞の舞台裏 共同通信ロンドン支局取材班編

人種・国籍を超えた人類への貢献というノーベルの理想、しかし現実は。名誉欲や政治利用など、世界最高の権威ある賞の舞台裏を、多くの証言と資料で明らかに。

1384 思いつきで世界は進む ——「遠い地平、低い視点」で考えた50のこと 橋本治

「あんな時代もあったね」とでは済まされないここ数年の怒濤の展開。日本も世界も「思いつき」で進んではいないか？ アナ雪からトランプまで縦横無尽の時評集。

377 人はなぜ「美しい」がわかるのか 橋本治

「美しい」とはどういう心の働きなのか？「合理性」や「カッコよさ」とはどう違うのか？ 日本の古典や美術に造詣の深い、活字の鉄人による「美」をめぐる人生論。

ちくま新書

1090
反福祉論 ——新時代のセーフティーネットを求めて
金菱清
大澤史伸
福祉に頼らずに生き生きと暮らす、生活困窮者やホームレス。制度に代わる保障を発達させてきた彼らの生活実践に学び、福祉の限界を超える新しい社会を構想する。

674
ストレスに負けない生活 ——心・身体・脳のセルフケア
熊野宏昭
ストレスなんて怖くない！　脳科学や行動医学の知見を援用、「力まず・避けず・妄想せず」をキーワードに自分でできる日常的ストレス・マネジメントの方法を伝授する。

1339
オカルト化する日本の教育 ——江戸しぐさと親学にひそむナショナリズム
原田実
偽史・疑似科学にもとづく教育論が、教育行政に影響を与えている。欺瞞に満ちた教えはなぜ蔓延したのか。嘘がばれているのに、まかり通る背景には何があるのか。

1324
サイコパスの真実
原田隆之
人当たりがよくて魅力的。でも、息を吐くようにウソをつく……。そんな「サイコパス」とどう付き合えばいいのか？　犯罪心理学の知見から冷血の素顔に迫る。

1116
入門　犯罪心理学
原田隆之
目覚ましい発展を遂げた犯罪心理学。最新の研究により、防止や抑制に効果を発揮する行動科学となった。「新しい犯罪心理学」を紹介する本邦初の入門書！

317
死生観を問いなおす
広井良典
社会の高齢化にともなって、死がますます身近な問題になってきた。宇宙や生命全体の流れの中で、個々の生や死がどんな位置にあり、どんな意味をもつのか考える。

1159
がちナショナリズム ——「愛国者」たちの不安の正体
香山リカ
2002年、著者は『ぷちナショナリズム症候群』で「愛国ごっこ」に警鐘を鳴らした。あれから13年、安倍内閣、ネトウヨ、安保法改正——日本に何が起きている？

1077
記憶力の正体
――人はなぜ忘れるのか？
高橋雅延
物忘れをなくしたい。嫌な思い出を忘れたい。本当に記憶を操作することはできるのか？　多くの人を魅了する記憶力の不思議を、実験や体験をもとに解説する。

1226
「母と子」という病
高橋和巳
人間に最も大きな心理的影響を及ぼす存在は「母」であり、誰もが逃れられない。母を三つのタイプに分け、それぞれの子との愛着関係と、そこに潜む病を分析する。

1072
ルポ 高齢者ケア
――都市の戦略、地方の再生
佐藤幹夫
独居高齢者や生活困窮者が増加する「都市」、人口減や市街地の限界集落化が進む「地方」。正念場を迎えた「高齢者ケア」について、先進的事例を取材して考える。

1303
こころの病に挑んだ知の巨人
――森田正馬・土居健郎・河合隼雄・木村敏・中井久夫
山竹伸二
日本人とは何か。その病をどう癒やすのか。独自の精神医療、心理療法の領域を切り開いてきた五人の知の巨人たちを取り上げ、その理論の本質と功績を解説する。

1085
子育ての哲学
――主体的に生きる力を育む
山竹伸二
子どもに生きる力を身につけさせるにはどうすればよいか。「自由」と「主体性」を哲学的に考察し、よい子育てとは何か、子どもの真の幸せとは何かを問いなおす。

1321
「気づく」とはどういうことか
――こころと神経の科学
山鳥重
「なんで気づかなかったの」など、何気なく使われるこの言葉を手掛かりにこころの不思議に迫っていく。注意力が足りない、集中できないとお悩みの方に効く一冊。

1216
モテる構造
――男と女の社会学
山田昌弘
女は女らしく、男は男らしく。こんな価値観が生き残っているのはなぜか。三つの「性別規範」が、深く感情に根ざし、男女非対称に機能している社会構造を暴く。

ちくま新書

1012
その一言が余計です。
――日本語の「正しさ」を問う
山田敏弘
「見た目はいいけど」「まあ、がんばって」何気なく使った言葉で相手を傷つけた経験はありませんか。よりよいコミュニケーションのために、日本語の特徴に迫る一冊。

1125
ルポ 母子家庭
小林美希
夫からの度重なるDV、進展しない離婚調停、親子のギリギリの生活……。社会の矛盾が母と子を追い込んでいく。彼女たちの厳しい現実と生きる希望に迫る。

1233
ルポ 児童相談所
――一時保護所から考える子ども支援
慎泰俊
自ら住み込み、100人以上の関係者に取材し「一時保護所」の現状を浮かび上がらせ、課題解決策を探る。若き社会起業家による、社会的養護の未来への提言。

1242
ＬＧＢＴを読みとく
――クィア・スタディーズ入門
森山至貴
広まりつつあるＬＧＢＴという概念。しかし、それだけでは多様な性は取りこぼされ、マイノリティに対する差別もなくならない。正確な知識を得るための教科書。

1163
家族幻想
――「ひきこもり」から問う
杉山春
現代の息苦しさを象徴する「ひきこもり」。閉ざされた内奥では何が起きているのか？〈家族の絆〉という神話に巨大な疑問符をつきつける圧倒的なノンフィクション。

1029
ルポ 虐待
――大阪二児置き去り死事件
杉山春
なぜ二人の幼児は餓死しなければならなかったのか？現代の奈落に落ちた母子の人生を追い、女性の貧困を問うルポルタージュ。信田さよ子氏、國分功一郎氏推薦。

1076
感情とは何か
――プラトンからアーレントまで
清水真木
「感情」の本質とは何か？　感情をめぐる哲学的言説の系譜を整理し、それぞれの細部を精神史の文脈に置きなおす。哲学史の新たな読みを果敢に試みる感情の存在論。

1124
チームの力
――構造構成主義による〝新〟組織論
西條剛央
一人の力はささやかでも、チームを作れば〝巨人〟になれる。独自のメタ理論を応用し、チームの力を最大限に引き出すための原理と方法を明らかにする。

809
ドキュメント 高校中退
――いま、貧困がうまれる場所
青砥恭
高校を中退し、アルバイトすらできない貧困状態へと落ちていく。もはやそれは教育問題ではなく、社会を揺るがす問題である。知られざる高校中退の実態に迫る。

1120
ルポ 居所不明児童
――消えた子どもたち
石川結貴
貧困、虐待、家庭崩壊などが原因で、少なくはない子どもたちの所在が不明になっている。この国で社会問題化しつつある「消えた子ども」を追う驚愕のレポート。

1053
自閉症スペクトラムとは何か
――ひとの「関わり」の謎に挑む
千住淳
他者や社会との「関わり」に困難さを抱える自閉症。その原因は何か。その障壁とはどのようなものか。診断・遺伝・発達などの視点から、脳科学者が明晰に説く。

981
脳は美をどう感じるか
――アートの脳科学
川畑秀明
なぜ人はアートに感動するのだろうか。モネ、ゴッホ、フェルメール、モンドリアン、ポロックなどの名画を題材に、人間の脳に秘められた最大の謎を探究する。

1288
これからの日本、これからの教育
前川喜平
寺脇研
二人の元文部官僚が「加計学園」問題を再検証し、生涯学習やゆとり教育、高校無償化、夜間中学など一連の改革をめぐってとことん語り合う、希望の書！

1160
あざむかれる知性
――本や論文はどこまで正しいか
村上宣寛
直感や思いつきは間違いの元。ダイエット、健康、仕事、幸福について、メタ分析を駆使した結論を紹介。ゴミ知識にまどわされず本当に有益な知識へ案内する。

ちくま新書

1041
子どもが伸びる ほめる子育て
——データと実例が教えるツボ
太田肇
「ほめて育てる」のは意外と難しい。間違えると逆効果。どうしたら力を伸ばせるのか？ データと実例で「ほめ方」を解説し、無気力な子供を変える育て方を伝授！

399
教えることの復権
大村はま
苅谷剛彦・夏子
詰め込みかゆとり教育か。今再びこの国の教育が揺れている。教室と授業に賭けた一教師の息の長い仕事を通して、もう一度正面から「教えること」を考え直す。

395
「こころ」の本質とは何か
——統合失調症・自閉症・不登校のふしぎ
シリーズ・人間学⑤
滝川一廣
統合失調症、自閉症、不登校——。これら三つの「こころ」の姿に光を当て、「個的」でありながら「共同的」でもある「こころ」の本質に迫る、精神医学の試み。

1113
日本の大課題 子どもの貧困
——社会的養護の現場から考える
池上彰編
格差が極まるいま、家庭で育つことができない子どもが増えている。児童養護施設の現場から、子どもの貧困についての実態をレポートし、課題と展望を明快にえがく。

1337
暴走する能力主義
——教育と現代社会の病理
中村高康
大学進学が一般化し、いま、学歴の正当性が問われている。〈能力〉のあり方が揺らぐ現代を分析し、私たちが生きる社会とは何なのか、その構造をくっきりと描く。

746
安全。でも、安心できない…
——信頼をめぐる心理学
中谷内一也
凶悪犯罪、自然災害、食品偽装……。現代社会に潜むリスクを「適切に怖がる」にはどうすべきか？ 理性と感情のメカニズムをふまえて信頼のマネジメントを提示する。

1110
若者はなぜ「決めつける」のか
——壊れゆく社会を生き抜く思考
長山靖生
すぐに決断し、行動することが求められる現在。まともな仕事がなく、「自己責任」と追い詰められ、若者が「決めつけ」に走る理不尽な時代の背景を探る。

ちくま新書

710
友だち地獄
——「空気を読む」世代のサバイバル
土井隆義
周囲から浮かないよう気を遣い、その場の空気を読もうとするケータイ世代。いじめ、ひきこもり、リストカットなどから、若い人たちのキツさと希望のありかを描く。

1066
使える行動分析学
——じぶん実験のすすめ
島宗理
仕事、勉強、恋愛、ダイエット……。できない、守れないのは意志や能力の問題じゃない。行動分析学の理論で推理し行動を変える「じぶん実験」で解決できます！

883
ルポ 若者ホームレス
飯島裕子
ビッグイシュー基金
近年、貧困が若者を襲い、20〜30代のホームレスが激増している。彼らはなぜ路上暮らしへ追い込まれたのか。貧困が再生産される社会構造をあぶりだすルポ。

919
脳からストレスを消す食事
武田英二
バランスのとれた脳によい食事「ブレインフード」が脳のストレスを消す！　老化やうつに打ち克ち、脳の健康を保つための食事法を、実践レシピとともに提示する。

570
人間は脳で食べている
伏木亨
「おいしい」ってどういうこと？　生理学的欲求、脳内物質の状態から、文化的環境や「情報」の効果まで、さまざまな要因を考察し、「おいしさ」の正体に迫る。

1275
ゆとり世代はなぜ転職をくり返すのか？
——キャリア思考と自己責任の罠
福島創太
いま、若者の転職が増えている。本書ではゆとり世代の若者たちに綿密なインタビューを実施し、分析。また、彼らをさらなる転職へと煽る社会構造をあぶり出す！

1009
高齢者うつ病
——定年後に潜む落とし穴
米山公啓
60歳を過ぎたあたりから、その年齢特有のうつ病が増加する!?　老化・病気から仕事・配偶者の喪失などの原因に対処し、残りの人生をよりよく生きるための一冊。

ちくま新書

896
一億総うつ社会
片田珠美
いまや誰もがうつになり得る時代になった。「心の風邪」が蔓延する背景には過剰な自己愛と、それを許す社会の病理がある。薬に頼らずに治す真の処方箋を提示する。

1091
もじれる社会
——戦後日本型循環モデルを超えて
本田由紀
もじれる＝もつれ＋こじれ。行き詰まり、閉々とした状況にある日本社会の見取図を描き直し、教育・仕事・家族の各領域が抱える問題を分析、解決策を考える。

1202
脳は、なぜあなたをだますのか
——知覚心理学入門
妹尾武治
オレオレ詐欺、マインドコントロール、マジックにだまされるのは、あなたの脳が、あなたを裏切っているからだ。心理学者が解き明かす、衝撃の脳と心の仕組み。

557
「脳」整理法
茂木健一郎
脳の特質は、不確実性に満ちた世界との交渉のなかで得た体験を整理し、新しい知恵を生む働きにある。この科学的知見をベースに上手に生きるための処方箋を示す。

434
意識とはなにか
——〈私〉を生成する脳
茂木健一郎
物質である脳が意識を生みだすのはなぜか？　すべてを感じる存在としての〈私〉とは何ものか？　人類に残された究極の問いに、既存の科学を超えて新境地を展開！

1174
「超」進学校　開成・灘の卒業生
——その教育は仕事に活きるか
濱中淳子
東西の超進学校、開成と灘に実施した卒業生調査。中高時代の生活や悩みから現在の職業、年収まで詳細に分析。そこから日本の教育と社会の実相を逆照射する。

304
「できる人」はどこがちがうのか
齋藤孝
「できる人」は上達の秘訣を持っている。それはどうすれば身につけられるか。さまざまな領域の達人たちの〈技〉を探り、二一世紀を生き抜く〈三つの力〉を提案する。